왕초짜 여행 일본어

동인랑

여러분의 외국어 학습에는 언제나 (주)동인당이 성실한 동반자가 되어줄 것입니다.

여행을 떠나기 앞서...

두려워하지 말고 떠나자! 말하자! 즐기자!

큰 맘 먹고 떠나는 일본여행! 낯선 나라에 대한 호기심과 즐거움 보다는 덜컥 겁부터 먼저 나지는 않나요? 게다가 '얼마예요?', '이건 뭐예요?', '더 주세요'와 같은 간단한 말을 못해 소중한 나의 첫 일본여행이 엉망이 되지는 않을지 걱정되지는 않나요? 덜컥 아프기라도 한다면...

이렇게 많은 걱정거리를 없앨 수 있는 가장 간단한 방법은 그 나라의 말을 할 수 있으면 됩니다. 하지만 얼마 남지 않은 일본여행! 아무리 학원을 다니고 공부를 한다 해도 한마디 말도 할 수 없는 것이 뼈아픈 현실!

이렇듯 시간은 없어도 보람찬 일본여행을 원하는 여러분을 위해 **우리말 발음**이 함께 있는 여행회화서를 준비했습니다. 이 책은 **처음 일본여행을 떠나는 분**들을 위해 정성들여 만든 여행길의 벗입니다.

나홀로 배낭여행을 떠나든 여행사의 단체 패키지로 떠나든 **여행의 즐거움을 배로 느낄 수 있는 방법**은 바로 **현지 언어로 현지인과 의사소통을 하는 것**입니다.

끝으로, 이 책에 사용된 회화문은 원만한 의사소통을 위해 뜻이 통하는 한도내에서 가능한 짧은 문장위주로 실었습니다.

이 책의 특징

1 처음 일본여행을 떠나는 분들을 위한 왕초짜 일본어회화

해외여행에 많은 경험과 노하우를 가진 선배여행자들이 왕초짜 여행자들에게 필요한 문장들만 콕콕 찍어 만든 필수 여행 회화서이다. 처음으로 일본여행을 떠나는 분들의 두려움은 반으로 줄고, 즐거움은 두배가 되도록 알차게 만들었다.

2 일본여행시 꼭 필요한 문장들만 수록-우리말 발음이 있어 편리

여행에 꼭 필요한 문장들만 콕콕 찍어 수록하였다. 현지인이 알아들을 수 있는 한도내에서 가능한 짧은 문장들로 구성한 문장들이다. 또한 우리말 발음이 함께 적혀있어 자신있게 말할 수 있다.

3 상황에 따라 쉽게 골라 쓰는 여행회화

많은 여행의 경험을 살려 마주칠 수 있는 상황들을 장면별로 나누고, 바로 바로 찾아 쓰기 쉽게 검색기능을 강화하였다.
회화에 자신이 없다면 검색해서 손가락으로 문장을 가리키기만 해도 뜻이 통한다.

4 도움되는 활용어휘, 한국어-일본어 단어장

상황별로 도움이 되는 단어들을 모아 정리해 놓았으므로, 완전한 문장은 아니더라도 긴급한 상황에 쓰기에 아주 유용하다.
또한, 한국어-일본어 단어장이 가나다순으로 뒷편 부록에 실려 있어, 이 부분만 따로 분리해 휴대하여 가지고 다녀도 안심!

5 휴대하기 간편한 포켓싸이즈

여행시에는 작은 물건이라도 짐이 되는 경우가 많다. 이 책은 포켓싸이즈라 짐도 되지 않고, 주머니 속에 쏙 들어가 휴대가 편하다.

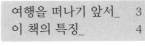

여행정보

기본표현

출국

입국

부 록

알아둡시다

여행 목적에 알맞게 준비를 하면 보람있고 여유있는 여행을 즐길 수 있다. 여행을 떠나기 전 기초적인 준비사항을 알아보자.

🎫 여권 パスポート

해외 여행을 하는 사람을 위해 정부가 발행하는 공식 신분증명서이다. 소지한 사람의 사진과 서명, 이름, 생년월일, 국적 등 신분에 관한 사항을 증명하는 가장 대표적인 여행증명서이다. 여권은 일반 여권(녹색), 거주 여권(녹색), 공무원 등을 위한 관용 여권(황갈색), 외교관을 위한 외교 여권(남색)이 있다. 일반 여권은 단수 여권과 복수 여권으로 나뉜다. 또한 일반 여권은 주민등록지에 상관없이 모든 구청 등에서 신청할 수 있다. 2008년 8월부터는 전자여권을 도입하였다.

🎫 비자 ビザ

여행하고자 하는 상대국에서 입국 허가를 공식적인 문서로 허용하는 것으로 해당국의 대사관이나 영사관에서 여권에 기재해 주는 것이다. 일본의 경우, 2006년 3월 1일 이후부터 90일 이내의 체재를 여행 등의 목적으로 입국할 경우 비자를 면제받아 비자 없이 여행이 가능하다.

🎫 환전 両替

출국하기 전에 미리 은행이나 공항의 환전소에서 일본의 화폐 엔화 円 · ¥ 로 바꾸는 것이 좋다. 현금은 고액의 지폐보다 소액으로 마련하는 것이 사용하기 편리하다.

🐸 신용카드 クレジットカード

국내의 신용카드International 국제용가 대부분 사용가능하다. 여행기간과 은행 결제일이 겹치는 경우는 미리 사용한 대금을 예금하고 떠나도록 한다. 대금 결제는 국내에서 환율을 환산하여 결제한다.

🐸 항공권 航空券

여행사에서 단체로 가는 경우에는 문제가 없으나, 개인 출발이라면 출발 전에 반드시 예약을 재확인하도록 한다. 개인 출발시 항공권의 가격은 회사별로 차이가 많이 나며, 가능한 전문여행사를 이용하고 직항노선보다 경유노선을 취항하는 항공편의 가격이 훨씬 저렴한 편이다.

유스호스텔회원증	YOUTH HOSTEL MEMBERSHIP CARD
철도패스	JR PASS
국제운전면허증	INTERNATIONAL DRIVING LICENSE
국제학생증	INTERNATIONAL STUDENT IDENTIFICATION CARD
해외여행보험	OVERSEAS INSURANCE

여행자의 필요에 따라 위의 회원증이나 패스를 미리 구입하면 일본에서 각종 할인이나 혜택을 받을 수 있다. 이런 패스들은 일본 관광객을 위한 것이므로 국내에서 구입하거나 필요에 의해서 예약을 해놓아야 한다.

준비물

아래의 체크 리스트는 해외 여행시 필요한 일반적인 준비물이다. 각자의 상황에 맞게 참고하여 빠진 것 없이 꼼꼼히 준비하도록 하자.

	품 목	Y	N
필수품	·여권	☐	☐
	·현금 현지화폐	☐	☐
	·Vocher 숙박예약증	☐	☐
	·신용카드	☐	☐
	·항공권	☐	☐
	·비상약품	☐	☐
	·시계	☐	☐

※ 위의 서류들은 꼭 별도로 번호와 발행처를 메모하거나 복사해 둔다.

※ 일본에서는 의사 처방전 없이는 약을 판매하지 않으므로 비상 약품은 꼭 준비해 간다.

※ 엔화는 1,5,10,50,100,500엔 동전과 1,000, 2,000, 5,000, 10,000엔지폐가 있다.

	품 목	Y	N
선택	· 국제 학생증(유스호스텔회원증)	☐	☐
	· 국제 운전면허증	☐	☐
	· 증명사진 2매	☐	☐
	· 카메라, 필름, 셀카봉 등	☐	☐
	· 타월, 칫솔, 치약, 빗, 면도기	☐	☐
	· 110V 변환 플러그, 충전기	☐	☐
	· 화장품, 생리용품, 선글라스 등	☐	☐
	· 옷, 신발, 우산, 우비 등	☐	☐
	· USB 케이블, 메모리칩 등	☐	☐
	· 여행안내 책자, 지도,	☐	☐
	· 구글맵(핸드폰에 미리 다운하면 편리)	☐	☐
	· 바느질용품, 계산기	☐	☐
	· 김, 김치, 고추장	☐	☐
	· 필기 도구, 메모지	☐	☐

※ 증명사진은 여권 재발급시 필요하다. 2020년 12월 18일부터 여권 온라인 재발급 신청이 가능하다.

※ 2020년 11월부터 '영사콜센터, 영사콜센터 무료전화' 어플을 미리 다운받으면, 위급상황시 인터넷환경에서 무료전화가 가능하다.

※ 1회용품칫솔, 치약, 면도기 등은 제공되지 않는 곳이 대부분이므로 준비해 간다.

※ 우리나라와 전압이 다르므로, 110V용 플러그를 준비한다.

긴급상황

😀 여권분실

일본의 한국대사관이나 총영사관에 연락한 후 즉시 여행자증명서 발급신청을 한다. 여권용 사진2매을 휴대하고 여권번호는 복사해두거나 다른 수첩에 메모해 둔다.

😀 신용카드분실

분실 사고 시 즉시 해당국의 경찰서에 신고를 하고 카드회사에 카드번호와 유효기간을 알린 후 분실처리를 요청한다. 언어에 자신이 없으면 한국의 해당 카드회사로 전화를 하여 분실신고를 하는 것이 제일 확실하다.

분실신고 연락처_서울		001(국제전화식별번호)+010+82+전화번호	
KB국민카드	1588-1688	삼성카드	1588-8900
신한카드	1544-7200	현대카드	1577-6200
롯데카드	1588-8300	외환카드	1588-6700

😀 항공권분실

항공사의 대리점에 가서 재발급 신청을 하면 항공사는 본사에 연락하여 발급 여부를 확인해 준다. 시간이 급할 때는 별도의 항공권을 구입한 후 귀국 후에 조회하여 환불받을 수 있으며, 이 때에는 현지에서 발급 받은 분실도난증명서가 필요하다.

기본 표현

인사
소개

처음 만났을 때나 길거리에서 마주칠 때
하는 인사말로 웃으면서 큰소리로 하도
록 한다. 우리와는 달리 아침·점심·저녁
에 따라 인사말이 달라진다.

안녕?아침	오하요- **おはよう。**
안녕하세요?점심	곤니찌와 **こんにちは。**
안녕하세요?저녁	곰방와 **こんばんは。**
오랜만이군요.	오히사시부리데스네 **おひさしぶりですね。**
안녕히 가세요.(계세요)	사요-나라 **さようなら。**
처음 뵙겠습니다.	하지메마시떼 **はじめまして。**
이분은 이씨입니다.	고찌라와 이산데스 **こちらは 李さんです。**
김이라고 합니다.	김또 모-시마스. **金と もうします。**
잘 부탁드립니다.	도-조 요로시꾸 **どうぞ よろしく 。**
제 명함입니다.	와따시노 메-시데스 **わたしの めいしです。**

질문을 받았을 때의 대답은 「はい ね」
또는 「いいえ 아니오」와 같이 간단히 대
답하거나, 아래와 같이 표현하기도 한다.
대답할 때는 「긍정·부정」을 확실히 해주
어야 불필요한 오해가 생기지 않는다.

대답
[긍정/부정]

예.	하이 はい。
그렇습니다.	소-데스 そうです。
알겠습니다.	와까리마시따 わかりました。
알겠습니다. 점원이 손님에게	가시꼬마리마시따 かしこまりました。
괜찮습니다.	겍꼬-데스 けっこうです。
좋은 생각이군요.	이- 강가에데스네 いい 考えですね。
아니오.	이-에 いいえ。
그렇지 않습니다.	소-쟈 아리마셍 そうじゃ ありません。
모르겠습니다.	와까리마셍 わかりません。
안됩니다.	다메데스 だめです。

명사
[방향]

우리말의 「이·그·저·어디」에 해당하는
대명사가 「こ·そ·あ·ど」이다.

위/아래/옆/뒤/가운데	우에/시따/요꼬/우시로/나까 上/下/横/後ろ/中
테이블 위에 있습니다.	테-부루노 우에니 아리마스 テーブルの 上に あります。
가방 아래 있습니다.	가반노 시따니 아리마스 かばんの 下に あります。
옆에 써주세요.	요꼬니 가이떼 구다사이 横に 書いて ください。
여기/거기/저기/어디	고꼬/소꼬/아소꼬/도꼬 ここ/そこ/あそこ/どこ
여기는 역입니다.	고꼬와 에끼데스 ここは 駅です。
출구는 어느 쪽입니까?	데구찌와 도꼬데스까 出口は どこですか。
이쪽/그쪽/저쪽/어느 쪽	고찌라/소찌라/아찌라/도찌라 こちら/そちら/あちら/どちら
이쪽이 역입니다.	고찌라가 에끼데스 こちらが 駅です。
역은 어느 쪽입니까?	에끼와 도찌라데스까 駅は どちらですか。

우리말의 「이것·그것·저것·어느 것」에
해당하는 대명사가 「これ·それ·あれ·
どれ」이다.

명사
[물건/사람]

나(저)/우리들/당신/저분	와따시/와따시따찌/아나따/아노 가따 **わたし/わたしたち/あなた/あの 方**
제 이름은 김민수입니다.	와따시노 나마에와 김민수데스 **わたしの 名前は 金民洙です。**
우리들은 한국인입니다.	와따시따찌와 캉꼬꾸진데스 **わたしたちは 韓国人です。**
당신은 일본인입니까?	아나따와 니혼진데스까 **あなたは 日本人ですか。**
저 분은 선생님입니까?	아노 가따와 센세-데스까 **あの 方は 先生ですか。**
이것/그것/저것/어느 것	고레/소레/아레/도레 **これ/それ/あれ/どれ**
이것은 무엇입니까?	고레와 난데스까 **これは 何ですか。**
저것은 무엇입니까?	아레와 난데스까 **あれは 何ですか。**
저것은 담배입니다.	아레와 타바코데스 **あれは タバコです。**
어느 것이 내 것입니까?	도레가 와따시노데스까 **どれが わたしのですか。**

감사
사과

상배방의 친절에는 「ありがとう ございます」라고 한다. 이에 대한 대답은 「どういたしまして」 간단히 「どうも」라고 한다.

감사합니다.	아리가또- **ありがとう。**
대단히 감사합니다.	도-모 아리가또- 고자이마스 **どうも ありがとう ございます。**
친절히 해 주셔서 감사합니다.	고신세쯔니 아리가또- 고자이마스 **ごしんせつに ありがとう。**
신세졌습니다.	오세와니 나리마시따 **おせわに なりました。**
천만에요.	도-이따시마시떼 **どういたしまして。**
☞앙탉퉤/	돈데모 나이데스 **とんでもないです。**
[1]실례합니다. [2]죄송합니다.	스미마셍 **すみません。**
미안합니다.	고멘나사이 **こめんなさい。**
용서하십시오.	유루시떼 구다사이 **ゆるして ください。**
괜찮습니다.	다이죠-부데스 **大丈夫です。**

남에게 부탁할 때는 예의를 차려 정중하게 「~を おねがいします」나 「~して ください」라고 한다. 「あのう 저」라고 운을 띄우고 난 후, 부탁을 해도 된다.

부탁

실례합니다.	스미마셍 すみません。
잠깐 묻겠습니다.	쫄또 오따즈네시마스가 ちょっと おたずねしますが。
좀 부탁드립니다.	쫄또 오네가이시마스 ちょっと お願いします。
부탁드릴 일이 있습니다.	오네가이가 아리마스 お願いが あります。
잠깐 기다려 주세요.	쇼-쇼- 오마찌구다사이 少々 お待ちください。
한 번 더 말해 주세요.	모-이찌도 읻떼 구다사이 もう一度 いって ください。
좀 더 천천히 말해 주세요.	몯또 육꾸리 하나시떼 구다사이 もっと ゆっくり 話して ください。
조심하십시오.	기오 쯔께떼 구다사이 気を つけて ください。
여기에 써 주세요.	고꼬니 가이떼 구다사이 ここに 書いて ください。
서두르세요.	이소이데 구다사이 いそいで ください。

질문 1

단순한 질문에서 상대방의 의향을 묻는 질문까지 다양하다.
일본어는 질문할 때 문장 끝에 「～か」를 붙이고 끝을 올리는 것이 보통이다.

이것은 무엇입니까?	고레와 난데스까 これは 何ですか。
일본어로 뭐라고 합니까?	니홍고데 난또 이-마스까 日本語で 何と いいますか。
화장실은 어디입니까?	토이레와 도꼬데스까 トイレは どこですか。
언제 갑니까?	이쯔 이끼마스까 いつ 行きますか。
언제 시작합니까?	이쯔 하지마리마스까 いつ 始まりますか。
지금 몇 시입니까?	이마, 난지데스까 今、何時ですか。
시간 있습니까? 한가하십니까?	오히마데스까 お暇ですか。
언제까지입니까?	이쯔마데데스까 いつまでですか。
→ 3시까지입니다.	산지마데데스 3時までです。
무엇을 타면 됩니까?	나니니 노레바 이-데스까 何に 乗れば いいですか。

질문을 할 때는 자신감을 가지고 큰 소리로 물어본다.
또한 개인의 신상에 관한 질문은 삼가는 것이 좋다.

질문
2

누구 없습니까? 계세요?	다레까 이마셍까 だれか いませんか。
저 분은 누구입니까?	아노 가따와 도나따데스까 あの かたは どなたですか。
얼마나 걸립니까?	도노구라이 가까리마스까 どのぐらい かかりますか。
어떻게 하면 됩니까?	도-스레바 이-데스까 どうすれば いいですか。
얼마입니까?	이꾸라데스까 いくらですか。
→1,000엔입니다.	셍엔데스 1,000円です。
몇 살입니까?	오이꾸쯔데스까 おいくつですか。
→23살입니다.	니쥬-산사이데스 23才です。
몇 개입니까?	이꾸쯔데스까 いくつですか。
→ 세 개입니다.	밋쯔데스 みっつです。

질문 3

질문을 했을 때, 상대방의 대답을 잘 듣지 못했다면 다시 한 번 양해를 구하고 물어보도록 한다.

무엇을 하고 있습니까?	나니오 시떼 이마스까 何を して いますか。
무슨 뜻입니까?	난노 이미데스까 何の 意味ですか。
어느 쪽입니까?	도찌라데스까 どちらですか。
→ 이쪽입니다.	고찌라데스 こちらです。
왜 그렇습니까?	나제데스까 なぜですか。
어느 쪽을 좋아합니까?	도찌라가 스끼데스까 どちらが すきですか。
→ 커피를 좋아합니다.	코-히-가 스끼데스 コーヒーが すきです。
담배를 피워도 괜찮습니까?	타바코오 슷떼모 이-데스까 タバコを 吸っても いいですか。
→ 예, 좋습니다.	하이, 이-데스 はい、いいです。
→ 아니오, 안 됩니다.	이-에, 이께마셍 いいえ、いけません。

남을 칭찬할 때는 진심어린 표정으로 감
정을 넣어서 말한다. 듣는 사람이나 말하
는 사람이나 모두 기분이 좋아지는 말들
이므로 알아두면 도움이 되는 표현이다.

칭찬

잘하는군요.	조-즈데스네 上手ですね。
아주 잘하는군요.	스고꾸 죠-즈데스네 すごく 上手ですね。
멋지군요.	스고이데스네 すごいですね。
참 친절하시군요.	도떼모 야사시-데스네 とても やさしいですね。
아름답군요.	우쯔꾸시-데스네 美しいですね。
예쁘군요.	기레-데스네 きれいですね。
귀엽군요.	가와이-데스네 かわいいですね。
해냈군요.	얏따네 やったね。
그것 참 좋은 생각이군요.	소레와 이- 강가에데스네 それは いい 考えですね。
맛있군요.	우마이데스네 うまいですね。

감정

자연스러운 회화를 위해서는 감정을 적절히 나타낼 줄 알아야 한다. 자연스러운 감정표현은 훨씬 더 훌륭한 일본어를 구사할 수 있다.

정말 기쁘군요.	도떼모 우레시-데스네 とても うれしいですね。
행복해요.	시아와세데스요 幸せですよ。
안됐군요.	잔넨데스네 ざんねんですね。
슬퍼요.	사비시-데스요 さびしいですよ。
아, 이런!여자 말	마-, 난떼 고또 まあ、なんて こと！
앗, 안돼.	앗, 이께나이 あっ、いけない。
정말 놀랍군요.	도떼모 빅꾸리시따 とても びっくりした。
심하군요.	히도이 ひどい。
믿을 수 없어요.	신지라레나이 信じられない。
위험해!	아부나이 あぶない。

여행에 꼭 필요한 숫자세기이다. 쇼핑을 하거나 음식을 주문할 때 등 다양한 상황에서 숫자를 표현해야하므로 잘 알아두도록 하자.

숫자
[숫자세기]

0	제로/레- ゼロ / れい	10	쥬- じゅう
1	이찌 いち	11	쥬-이찌 じゅういち
2	니 に	12	쥬-니 じゅうに
3	상 さん	13	쥬-상 じゅうさん
4	시/용 し/よん	14	쥬-시/쥬-용 じゅうし/じゅうよん
5	고 ご	15	쥬-고 じゅうご
6	로꾸 ろく	20	니쥬- にじゅう
7	시찌/나나 しち / なな	30	산쥬- さんじゅう
8	하찌 はち	40	욘쥬- よんじゅう
9	규-/구 きゅう/く	50	고쥬- ごじゅう

숫자
[물건세기]

100	햐꾸 ひゃく		1,000	셍 せん
200	니햐꾸 にひゃく		10,000	이찌망 いちまん
300	삼바꾸 さんびゃく		100,000	쥬-망 じゅうまん
400	용햐꾸 よんひゃく		1,000,000	햐꾸망 ひゃくまん
500	고햐꾸 ごひゃく		10,000,000	잇셍망 いっせんまん

예) 1,250 せん にひゃく ごじゅう 셍 니햐꾸 고쥬-

하나	ひとつ 히또쯔	여섯	むっつ 뭇쯔
둘	ふたつ 후따쯔	일곱	ななつ 나나쯔
셋	みっつ 밋쯔	여덟	やっつ 얏쯔
넷	よっつ 욧쯔	아홉	ここのつ 꼬꼬노쯔
다섯	いつつ 이쯔쯔	열	とお 도-

숫자
[사람/날짜]

1日	ついたち 쯔이따찌	10日	とおか 도-까
2日	ふつか 후쯔까	11日	じゅういちにち 쥬-이찌니찌
3日	みっか 믹까	20日	はつか 하쯔까
4日	よっか 욕까	24日	にじゅうよっか 니쥬-욕까
5日	いつか 이쯔까	1 사람	ひとり 히또리
6日	むいか 무이까	2 사람	ふたり 후따리
7日	なのか 나노까	3 사람	さんにん 산닝
8日	ようか 요-까	4 사람	よにん 요닝
9日	ここのか 고꼬노까	5 사람	ごにん 고닝

2024년 10월 20일 니센니쥬-요넨 쥬-가쯔 하쯔까
にせんにじゅうよねん　じゅうがつ　はつか

2025년 2월 15일 니센니쥬-고넨 니가쯔 쥬-고니찌
にせんにじゅうごねん　にがつ　じゅうごにち

2026년 8월 8일 니센니쥬-로꾸넨 하찌가쯔 요-까
にせんにじゅうろくねん　はちがつ　ようか

시간
[요일·계절]

일요일	니찌요-비 日曜日	아침	아사 あさ
월요일	게쯔요-비 月曜日	낮	오히루 おひる
화요일	가요-비 火曜日	저녁	유-가따 ゆうがた
수요일	스이요-비 水曜日	밤	방 ばん
목요일	모꾸요-비 木曜日	봄	하루 春
금요일	깅요-비 金曜日	여름	나쯔 夏
토요일	도요-비 土曜日	가을	아끼 秋
어제	기노- きのう	겨울	후유 冬
오늘	교- きょう	동/서	히가시/니시 東/西
내일	아시따 あした	남/북	미나미/기따 南/北

시간
[월]

1월	이찌가쯔 いちがつ		11월	쥬-이찌가쯔 じゅういちがつ
2월	니가쯔 にがつ		12월	쥬-니가쯔 じゅうにがつ
3월	상가쯔 さんがつ		1개월	익까게쯔 いっかげつ
4월	시가쯔 しがつ		2개월	니까게쯔 にかげつ
5월	고가쯔 ごがつ		3개월	상까게쯔 さんかげつ
6월	로꾸가쯔 ろくがつ		4개월	용까게쯔 よんかげつ
7월	시찌가쯔 しちがつ		5개월	고까게쯔 ごかげつ
8월	하찌가쯔 はちがつ		6개월	록까게쯔 ろっかげつ
9월	구가쯔 くがつ		7개월	나나까게쯔 ななかげつ
10월	쥬-가쯔 じゅうがつ		8개월	학까게쯔 はっかげつ

인사
소개

대답

명사

감사
사과

부탁

질문

칭찬

감정

숫자

시간

색깔
모양

가족

기본
표현

색깔
모양

색깔	이로 色		보라색	무라사끼 むらさき
빨강	아까 赤		회색	네즈미이로 ねずみ色
파랑	아오 青		베이지색	베-쥬이로 ベージュ色
노랑	기이로 黄色		금색	낑이로 金色
녹색	미도리 緑		은색	깅이로 銀色
분홍색	핑쿠 ピンク		형태	가따찌 形
오렌지색	오렌지이로 オレンジ色		사각	시가꾸 四角
갈색	짜이로 茶色		삼각	상가꾸 三角
검정색	구로 黒		원	마루 丸
흰색	시로 白		별	호시 星

가족

	자신의 가족	상대방의 가족
할아버지	소후 そふ	오지-상 おじいさん
할머니	소보 そぼ	오바-상 おばあさん
아버지	찌찌 ちち	오또-상 おとおさん
어머니	하하 はは	오까-상 おかあさん
남편/아내	옽또/가나이 おっと/かない	고슈-징/옥상 ごしゅうじん/おくさん
형/오빠	아니 あに	오니-상 おにいさん
누나/언니	아네 あね	오네-상 おねえさん
남동생/여동생	오또-또/이모-또 おとうと/いもうと	오또-또상/이모-또상 おとうとさん/いもうとさん
아들/딸	무스꼬/무스메 むすこ/むすめ	무스꼬상/무스메상 むすこさん/むすめさん

출 국

비행기는 출발시간 2-3시간 전에 공항에 도착하여 수속을 밟아야 한다. 인천국제공항과 김포국제공항 도쿄의 경우 김해국제공항, 청주국제공항 등에서도 일본으로 갈 수 있다.
부산의 국제 여객 터미널에서 배로 가는 경우 출항 2시간 30분전에 시작해서 1시간 전에 마감하므로 늦지 않도록 한다.

출국순서 공항

탑승수속	여권, 항공권을 가지고 해당 항공사 데스크로 간다. 수하물이 있으면 탁송하고 Claim tag 수하물표와 Boarding pass 탑승권를 받는다.
세관신고	귀중품과 고가품은 반드시 세관에 신고하고 '휴대품 반출 확인서'를 받아야 귀국시 세금을 면제받는다.
보안검색	수하물과 몸에 X선을 비춰 금속류와 흉기를 검사한다. 필름은 손상되지 않는다.
출국심사	여권과 탑승권을 제시한다. 여권에 출국 확인을 받고 돌려 받은 후 출국 심사대를 통과한다.
탑승대기	Duty free shop 면세점을 이용할 수 있고 출발 30분 전까지 해당 Gate 탑승구 앞으로 가서 기다리면 된다.

- **면세점** Duty free shop

  시중의 면세점에서 구입한 물품을 교부 받거나 필요한 양주나기념품, 선물 등을 면세 가격으로 구입할 수 있다. 여분의 필름을 구입하는 것이 요령이며, 장기간 여행을 한다면 김치나 젓갈류, 볶음고추장, 김 등을 구입해도 좋다.

기내에서

- **기내 서비스**

  국제선 기내에서는 식사, 음료수, 주류 등이 무료로 제공되며 지상과 기압차가 나서 주류는 빨리 취한다. 음악, 신문, 잡지 등을 볼 수 있으며 간단한 구급약품도 준비되어 있다.

- **기내 면세품 판매**

  한일간의 국제선 기내에서는 양주, 화장품, 담배, 시계 등의 상품을 면세로 판매한다. 시간 여유가 없어서 면세점에서 구입못했으면 기내를 이용해도 된다.

출국

자주 쓰이는 표현 _ 1

> ■ 탑승권을 보여 주십시오.
>
> 도-죠-껨오   미세떼   구다사이
> 搭乗券을 見せて ください。
>
> ┈┈┈┈┈┈┈┈┈┈┈┈┈┈┈┈
>
> ┈▶ 예, 여기에 있습니다.
>
> 하이,   고레데스
> はい、これです。

바꿔 말하기

• 여권   パスポート 파스포-토   • 항공권   航空券 고-꾸-껨

﹥ 자주 쓰이는 표현 _ 2 ﹤

■ 제 자리는 어디입니까?

와따시노　　　자세끼와　　도꼬데스까
わたしの 座席は どこですか。

┈▶ 이쪽입니다.

고찌라데스
こちらです。

바꿔 말하기

• 화장실　トイレ 토이레　　　• 비상구　**非常口** 히죠-구찌

▼ 제 좌석은 어디입니까?

> 와따시노 자세끼와 도꼬데스까
> 私の 座席は どこですか。

▶ 여기가 당신의 좌석입니다.

> 고찌라가 아나따노 자세끼데스
> こちらが あなたの 座席です。

▼ 자리를 바꿔주십시오.

> 세끼오 가완떼 이따다께마셍까
> 席を かわって いただけませんか。

▼ 언제 출발합니까?

> 이쯔 슙빠쯔시마스까
> いつ 出発しますか。

▼ 화장실에 가도 됩니까?

> 토이레니 일떼모 이-데스까
> トイレに 行っても いいですか。

▼ 좀 지나가겠습니다.

쫀또 사께떼 구다사이

ちょっと さけて ください。

▼ 의자를 뒤로 젖혀도 됩니까?

이스오 소라시떼모 이-데스까

椅子を 反らしても いいですか。

▼ 몇 시에 도착합니까?

난지니 쯔끼마스까

何時に 着きますか。

▼ 얼마나 지연됩니까?

도노꾸라이 오꾸레마스까

どのくらい おくれますか。

▶ 5분 뒤에 나리타공항에 도착합니다.

고훙고니 나리따꾸-꼬-에 도-쨔꾸이따시마스

五分後に 成田航空へ 到着いたします。

출국

〉자주 쓰이는 표현 _ 1 〈

■ 음료수를 주십시오.

노미모노오   구다사이

飲み物を ください。

┄┄┄┄┄┄┄┄┄┄┄┄┄┄┄┄┄┄┄┄┄┄┄

┄▶ 예, 알겠습니다.

하이,   가시꼬마리마시따

はい、かしこまりました。

바꿔 말하기

- 커피 コーヒー 코-히-
- 와인 ワイン 와인
- 물 お水 오미즈
- 신문 新聞 심붕

〉자주 쓰이는 표현 _ 2 〈

- 어디가 아프십니까?

  도꼬까　　와루이노데스까

  どこか　悪いのですか。

- -

  ⋯▶ 머리가 아픕니다.

  아따마가　이따이데스

  頭が　痛いです。

바꿔 말하기

· 귀　耳　미미　　　　· 배　腹　하라

▶ 어떤 음료를 드시겠습니까?

　나니오 오노미니 나리마스까
　なにを お飲みに なりますか。

▽ 어떤 음료가 있습니까?

　노미모노와 나니가 아리마스까
　飲み物は 何が ありますか。

▽ 커피를 주십시오.

　코-히- 구다사이
　コーヒー ください。

▶ 커피와 차중 어느 것으로 하시겠습니까?

　코-히-, 오쨔, 도레니 나사이마스까
　コーヒー、お茶、 どれに なさいますか。

▽ 차를 주십시오.

　오쨔오 구다사이
　お茶を ください。

▼ 식사는 몇 시입니까?

쇼꾸지와 난지데스까

食事は なんじですか。

▶ 스테이크와 닭고기 중 어느 것으로 하시겠습니까?

스테키, 치킨노 나까노 도찌라니 나사이마스까

ステーキ、チキンの 中の どちらに なさいますか。

▼ 닭고기를 주십시오.

치킨니 시마스

チキンに します。

▼ 담요를 주십시오.

모-후오 구다사이

毛布を ください。

▼ 쿠션을 하나 더 주십시오.

쿳숑오 모- 히또쯔 구다사이

クッションを もう 1つ ください。

▼ 약을 좀 주십시오.

　　구스리오 구다사이
　　薬を ください。

▶ 어딘가 아픕니까?

　　도꼬까 와루이노데스까
　　どこか 悪いのですか。

▼ 몸이 좋지 않습니다.

　　기붕가 와루이데스
　　気分が わるいです。

▼ 어지럽습니다.

　　메가 마와리마스
　　目が まわります。

▼ 메스껍습니다.

　　무까무까시마스
　　むかむかします。

▼ 설사를 합니다.

게리오 시떼 이마스
下痢を して います。

탑승

기내
서비스

출국

▼ 소화가 안 됩니다.

쇼-까가 데끼마셍
消化が できません。

▼ 머리가 아픕니다.

아따마가 이따이데스
頭が 痛いです。

▼ 멀미가 납니다.

하끼께가 시마스
吐き気が します。

▼ 춥습니다.

사무이데스
寒いです。

도움이 되는 **활용 어휘**

항공권	**航空券**	고-꾸-껭
탑승권	**搭乗券**	도-죠-껭
수하물	**手荷物**	데니모쯔
탑승구	**搭乗口**	도-죠-구찌
이륙	**離陸**	리리꾸
착륙	**着陸**	쨔꾸리꾸
좌석번호	**座席番号**	자세끼방고-
안전벨트착용	**シートベルト着用**	시-토베루토쨔꾸요-
이어폰	**イヤホーン**	이야홍
창쪽	**窓側**	마도가와
통로쪽	**通路側**	쯔-로가와
비어있음	**空き**	아끼
사용중	**使用中**	시요-쮸-
미시오	**押す**	오스
당기시오	**引く**	히꾸

기내서비스

음료수	飲み物	노미모노
커피	コーヒー	코-히-
차	お茶	오쨔
콜라	コーラ	코-라
와인	ワイン	와인
위스키	ウィスキー	위스키-
맥주	ビール	비-루
쥬스	ジュース	쥬-스
식사	食事	쇼꾸지
잡지	雑誌	잣시
신문	新聞	심붕
담요	毛布	모-후
베개	枕	마꾸라
멀미	吐き気	하끼께
멀미약	よい止め	요이또메

입 국

기내에서 도착 전에 나누어준 외국인 출입국신고서는 일본의 공식문서 이므로 정확히 한자나 영어로 작성하도록 한다. 공항에 도착한 후 到着 Arrival 도착이란 표시를 따라가면 입국장에 도착한다. 外国人 외국인이 라고 표시된 곳에서 출입국 신고서를 제출하면 목적, 체류기간, 돌아갈 비행기표 등을 간단하게 묻고 입국 스탬프를 찍어준다.
전자 여권 소지자는 일본 방문 전 우리나라에서 "Visit Japan Web" 을 통해 온라인으로 미리 입국신고서와 세관신고서를 작성할 수 있다.

🐻 입국순서

검 역 Quarantine	최근에 전염병이 발생한 지역을 거쳐 오지 않는 한 예방주사나 접종카드는 필요 없다.
↓	
입국심사 Immigration	여권과 영문자를 동일하게 작성하며, 또한 직업난과 체재지를 공백으로 두지 않도록 한다.
↓	
수하물 찾는 곳 Baggage claim Area	타고 온 항공편이 표시된 곳에서 컨베이어에 실려 온 짐을 찾는다.
↓	
세관 Customs	담당 심사관에게 여권을 건네준다. 마약, 무기류 등이 없으면 큰 문제는 없다.

🐼 일본의 면세한도

개인 휴대품이나 직업적인 장비는 세관원에 의하여 적당하다고 인정되면 모두 면세 통과가 가능하며 휴대품(외국인)의 면세한도는 다음과 같다.

- **담배** : 400개비
- **술** : 3병(1병에 760㎖정도)
- **향수** : 2온스(약 50g)
- **기타** : 해외시장 가격이 20万엔까지

  ※ 미성년자는 술과 담배의 면세가 되지 않는다.

🐼 환전  >> 一万円신권

가능한 우리나라에서 필요한 금액을 환전해 가도록 한다. 우리나라 은행에서 제공하는 어플에서도 환전이 가능하다.트래블월렛(travel Wallet) 외 라인페이나 카카오페이 등을 이용해 현지에서 바로 환전이나 결제, 엔화 인출 등이 가능하기도하다.

또한, 한국에서 사용하는 신용카드 International 국제용 을 대부분의상점이나 호텔, 음식점에서 사용할 수 있다.

입국

🐹 ⟩ 자주 쓰이는 표현 _ 1 ⟨

■ 여행의 목적은?

고료꼬-노　　목떼끼와

ご旅行の 目的は。

┄┄▶ 관광입니다.

강꼬-데스

観光です。

바꿔 말하기

- 비즈니스　ビジネス　비지네스
- 친척방문　親戚の 訪問　신세끼노 호-몽
- 초대　招待　쇼-따이
- 유학　留学　류-가꾸

〉 자주 쓰이는 표현 _ 2 〈

■ 어디에서 숙박할겁니까?

도꼬니　　오또마리데스까
どこに お泊りですか。

┈┈▶ 신주쿠 호텔입니다.

신주꾸호테루데스
新宿ホテルです。

바꿔 말하기

• 유스호스텔　　ユースホステル　　유-스호스테루
• 여관　　　　　旅館　　　　　　료-깡

49
왕초짜여행일본어

▶ 여권을 보여주십시오.

파스포-토오 미세떼 구다사이
パスポートを 見せて ください。

▼ 네, 여기 있습니다.

하이, 고레데스
はい、これです。

▶ 어디에서 오셨습니까?

도꼬까라 기마시따까
どこから 来ましたか。

▼ 한국의 서울에서 왔습니다.

강꼬꾸노 소우루까라데스
韓国の ソウルからです。

▶ 며칠간 머무를 예정입니까?

난니찌깡 다이자이스루 요떼-데스까
何日間 滞在する 予定ですか。

▼ 일주일입니다.

　잇슈–깐데스
　一週間です。

▶ 방문목적은 무엇입니까?

　호–몬노 목떼끼와 난데스까
　訪問の 目的は 何ですか。

▶ 결혼하셨습니까?

　겍꽁시마시따까
　結婚しましたか。

▼ 네, 했습니다.

　하이, 겍꽁시마시따
　はい、結婚しました。

▼ 아니오, 독신입니다.

　이–에, 미꼰데스
　いいえ、未婚です。

입국

 자주 쓰이는 표현 _ 1

■ 가방 안에 무엇이 있습니까?

가반노　　　나까니 나니가 아리마스까
かばんの 中に 何が ありますか。

┈┈▶ 신변용품입니다.

미노마와리힌데스
身の回り品です。

바꿔 말하기

• 책　　　**本**　홍　　　• 옷　　　**服**　후꾸
• 음식물　**食べ物** 다베모노　• 진통제　**痛いどめ** 이따이도메

⟩ 자주 쓰이는 표현 _ 2 ⟨

입국
심사

세관
검사

환전

입국

■ 동물을 가지고 계십니까?

도-부쯔오 오모찌데스까

動物を お持ちですか。

⋯▶ 아니오, 가지고 있지 않습니다.

이-에,　몯떼　　이마셍

いいえ、持って いません。

• 식물　　植物　쇼꾸부쯔　　　• 무기　　武器　부끼

▶ 뭔가 신고할 것은 없습니까?

　　나니까 싱꼬꾸스루 모노와 아리마셍까

　　何か 申告する ものは ありませんか。

▼ 아니요, 아무것도 없습니다.

　　이이에, 나니모 아리마셍

　　いいえ、何も ありません。

─────────────────

▶ 다른 것은 없나요?

　　호까노와 아리마셍까

　　ほかのは ありませんか。

▼ 네, 귀금속이 있습니다.

　　하이, 기낀조꾸가 아리마스

　　はい、貴金属が あります。

─────────────────

▶ 이 가방을 열어 주십시오.

　　고노 박쿠오 아께떼 구다사이

　　この バックを 開けて ください。

▶ 이것은 얼마입니까?

고레와 이꾸라데스까
これは いくらですか。

입국
심사

▶ 돈은 얼마나 가지고 있습니까?

오까네와 도노꾸라이 오모찌데스까
お金は どのくらい お持ちですか。

세관
검사

환전

▼ 5만엔 있습니다.

고망엔데스
五万円です。

입국

▼ 수하물은 어디서 찾습니까?

데니모쯔와 도꼬데 우께또리마스까
手荷物は どこで 受け取りますか。

▼ 제 짐이 보이지 않습니다.

와따시노 니모쯔가 미쯔까리마셍
わたしの 荷物が 見つかりません。

입국

> 자주 쓰이는 표현 _ 1 <

■ 환전소는 어디입니까?

료-가에쇼와   도꼬데스까
両替所は どこですか。

⋯▶ 왼쪽으로 가십시오.

히다리가와니 일떼   구다사이
左側に 行って ください。

바꿔 말하기

- 은행   **銀行** 깅꼬
- 안내소   **案内所** 안나이죠-
- 전화   **電話** 뎅와
- 출구   **出口** 데구찌

〉자주 쓰이는 표현 _ 2 〈

입국
심사

세관
검사

환전

입국

■ 어떻게 바꿔드릴까요?

도노요–니　　가에마쇼–까

どのように かえましょうか。

┈┈▶ 엔으로 바꿔주십시오.

엔니　가에떼　구다사이

円に かえて ください。

바꿔 말하기

• 현금　現金　겡낑　　　　• 천엔권　千円札　셍엔사쯔

▼ 환전은 어느 창구에서 합니까?

료-가에와 도노 마도구찌데스까

両替は どの 窓ですか。

▼ 여행자수표를 현금으로 바꿔주십시오.

토라베라-즈첵쿠오 겡낀니 시떼 구다사이

トラベラーズチェックを 現金に して ください。

▶ 어떻게 바꿔드릴까요?

도노요-니 가에마쇼-까

どのように かえましょうか。

▼ 천엔 지폐를 백엔짜리로 바꿔주세요.

셍엔사쯔오 햐꾸엔다마니 시떼 구다사이

千円札を 百円玉に して ください。

▶ 이 서류에 기입해 주세요.

고노 쇼루이니 기뉴-시떼 구다사이

この 書類に 記入して ください。

▶ 여기에 사인해 주세요.

고꼬니 사인시떼 구다사이

ここに サインして ください。

입국
심사

▼ 이것을 잔돈으로 바꿔주십시오.

고레오 고제니니 가에떼 구다사이

これを 小銭に かえて ください。

세관
검사

▶ 현금으로 드릴까요, 수표로 드릴까요?

겡낑, 첵쿠 도찌라니 시마스까

現金、チェック どちらに しますか。

환전

입국

▼ 일본 동전을 모두 주세요.

니혼노 코잉오 젬부 구다사이

日本の コインを 全部 ください。

▼ 수수료는 얼마입니까?

데스–료–와 이꾸라데스까

手数料は いくらですか。

▼ 이 근처에 은행이 있습니까?

고노 찌까꾸니 깅꼬- 와 아리마스까
この 近くに 銀行は ありますか。

▼ 은행은 언제 문을 엽니까?

깅꼬- 와 난지니 히라끼마스까
銀行は 何時に 開きますか。

▼ 은행은 언제 문을 닫습니까?

깅꼬와 난지니 오와리마스까
銀行は 何時に 終わりますか。

▼ ATM은 어디에 있습니까?

에이치- 에무와 도꼬니 아리마스까
ATMは どこに ありますか。

▼ 이 카드를 사용할 수 있습니까?

고노 카- 도오 쯔까에마스까
この カードを 使えますか。

각종 표지판 문구

■ 각종 표지판에 씌어 있는 문구를 알아보자.

- 신사용 **男子用** 단시요-
- 숙녀용 **婦人用** 후징요-
- 비상구 **非常口** 히죠-구찌
- 무료입장 **入場無料** 뉴-죠-무료-
- 들어가는 곳 **入口** 이리구찌
- 나가는 곳 **出口** 데구찌
- 당기시오 **引く** 히꾸
- 미시오 **抽す** 오스
- 멈추시오 **止まれ** 도마레
- 금연 **禁煙** 깅엔
- 촬영금지 **撮影禁止** 사쯔에-낀시
- 사용중 **使用中** 시요-쮸-
- 열리다 **開く** 아꾸
- 닫히다 **閉じる** 도지루
- 폐점 **閉店** 헤-뗑
- 위험 **危險** 기껭
- 출입금지 **立入禁止** 다찌이리낀시

도움이 되는 **활용 어휘**

입국심사	**入国審査**	뉴-꼬꾸신사
검역	**検疫**	겡에끼
여권	**パスポート**	파스포-토
비자	**ビザ**	비자
출국카드	**出国カード**	슉꼬꾸카-도
입국카드	**入国カード**	뉴-꼬꾸카-도
관광	**観光**	강꼬-
비즈니스	**ビジネス**	비지네스
수하물보관소	**手荷物受取所**	데니모쯔우께또리쇼-
세관	**税関**	제-깡
선물	**おみやげ**	오미야게
향수	**香水**	고-스이
보석	**宝石**	호-세끼
술	**お酒**	오사께
담배	**タバコ**	타바코

입국심사 · 환전

환전소	**両替所**	료-가에쇼
은행	**銀行**	깅꼬-
환전	**両替**	료-가에
트래블 월렛	**トラベルウォレット**	토라베루 워렛토
수표	**小切手**	고긷떼
현금	**現金**	겡낑
엔	**円**	엥
지폐	**紙幣**	시헤-
동전	**コイン**	코잉
잔돈	**小銭**	고제니
자동인출기	**エイティーエム** ATM	에이치-에무
카드	**カード**	카-도
인출	**引き出し**	히끼다시
비밀번호	**暗証番号**	안쇼-방고-
금액	**金額**	깅가꾸

교통

도쿄의 나리타 成田 공항에서 도심까지 연결되는 차편은 공항 리무진 버스 ‥나리타 익스프레스 NEX‥게이세이 스카이라이너 京成Skyliner 등이 있으며 택시도 이용할 수 있으나 가격이 매우 비싸다. 또한 도쿄의 하네다 羽田 공항에서 도심까지는 40~50분 정도 소요된다.

🐼 지하철 地下鉄

지하철은 경제적이고 안전한 교통수단이며, 요금은 거리에 따라 달라지지만 기본요금은 ¥150-¥220 정도이다.

표는 자동판매기에서 ¥100, ¥500, ¥1,000 이나 카드를 넣고 요금을 확인한 후 필요한 매수를 누르고 버튼을 누르면 된다.

🐼 철도 鉄道

JR(Japan Railways)은 전국적인 철도망을 갖고 있을 뿐만 아니라 私鉄사철도 도시와 도시를 연결하는 광범위한 철도망을 갖추고 있다. 장거리 열차와 기타 급행열차는 항상 좌석을 미리 예약해야 하며 지정석은 추가 요금을 지불해야 한다.

신칸센 新幹線과 지정좌석권은 각 역의 「みどりの 窓口 : 미도리노 마도구찌 녹색창구」에서 취급하며 표는 「에코노미 이등석」과 「그린 차 일등석」의 2종류가 있다.

🐼 버스 バス

대도시에는 많은 버스노선이 있지만 지하철이 더 편리한 편이다. 그러나 교토 京都와 같은 도시는 버스를 이용하면 편리하다. 시내요금은 거리에 따라서 달라지나 기본요금이 ¥160정도이며, 버스를 탈 때 표를 받았다가 내릴 때 운전석 옆 요금함에 돈과 표를 같이 내야 하는 경우도 있다.

🐼 택시 タクシー

일본은 우리나라와는 달리 차도가 좌측, 인도가 우측통행이다. 택시를 이용하면 시간을 절약할 수 있으나 값이 매우 비싼 것이 단점이다. 일본 택시는 자동문이므로 손으로 열지 않아도 되며, 합승은 하지 않고 밤 11시~새벽 5시까지는 할증료가 붙는다.

🐼 거리에서

처음 방문한 곳을 걸어서 다니는 방법은 편리하고 재미있는 방법이다. 가벼운 마음으로 종이에 한자로 써서 물어보거나 상점이나 길가는 사람에게 물어보고, 관광안내소 TIC 나 파출소에 가면 그 지역 지도가 있으므로 가고 싶은 곳을 찾을 수 있다.

교통

🔲 ﹥자주 쓰이는 표현 _ 1 ﹥

■ 신주쿠역에는 어떻게 갑니까?

신쥬꾸에끼니와　도-　이꾼데스까

新宿駅には どう 行くんですか。

⋯▶ 저기서 버스를 타십시오.

아소꼬데　바스니　놋떼　구다사이

あそこで バスに 乗って ください。

바꿔 말하기

• 백화점 **デパート** 데파-토　　• 나리타공항 **成田空港** 나리따꾸-꼬-

• 동물원 **動物園** 도-부쯔엥　　• 박물관 　**博物館**　하꾸부쯔깡

자주 쓰이는 표현 _ 2

- 입구는 어디입니까?

  이리구찌와 도꼬데스까

  入口は どこですか。

···▶ 저쪽입니다.

  무꼬–데스

  むこうです。

바꿔 말하기

• 매표소	切符売り場	깁뿌우리바	• 출구	出口	데구찌
• 은행	銀行	깅꼬–	• 우체국	郵便局	유–빙꾜꾸

▼ 긴자에 가고 싶은데요.

긴자에 이끼따인데스가

銀座へ 行きたいんですが。

▼ 표는 어디서 삽니까?

도꼬데 김뿌오 가운데스까

どこで 切符を 買うんですか。

▶ 매표소는 2층입니다.

김뿌우리바와 니까이데스

切符売り場は 2階です。

▼ 시각표를 주십시오.

지꼬꾸효–오 구다사이

時刻表を ください。

▼ 얼마입니까?

이꾸라데스까

いくらですか。

▼ 자동판매기는 어디에 있습니까?

지도-함바이끼와 도꼬니 아리마스까
自動販売機は どこに ありますか。

▼ 이것은 어떻게 사용합니까?

고레와 도노요-니 쯔까이마스까
これは どのように 使いますか。

▶ 먼저 동전을 넣으십시오.

마즈 코잉오 이레떼 구다사이
まず コインを 入れて ください。

▼ 신주쿠까지 얼마입니까?

신주꾸마데 이꾸라데스까
新宿まで いくらですか。

▼ 어른표 1장, 어린이표 1장 주십시오.

오또나 이찌마이, 고도모 이찌마이 구다사이
大人 一枚、子供 一枚 ください。

▼ 어디에서 갈아탑니까?

도꼬데 노리까에마스까
どこで 乗り換えますか。

▶ 다음 역에서 갈아타십시오.

쯔기노 에끼데 노리까에떼 구다사이
次の 駅で 乗り換えて ください。

▼ 걸어서 갈 수 있습니까?

아루이떼 이께마스까
歩いて いけますか。

▶ 버스를 타는 편이 좋습니다.

버스니 노루호−가 이−데스요
バスに 乗る方が いいですよ。

▼ 여기서 멉니까?

고꼬까라 도−이데스까
ここから 遠いですか。

▶ 아니오, 멀지 않습니다.

이-에, 도-꾸 아리마셍

いいえ、遠く ありません。

▼ 길을 잃어버렸어요.

미찌니 마욛떼 시마이마시따

道に 迷って しまいました。

▼ 여기는 어디입니까?

고꼬와 도꼬데스까

ここは どこですか。

▶ 여기는 긴자입니다.

고꼬와 긴자데스

ここは 銀座です。

▼ 감사합니다.

아리가또-

ありがとう。

교통

 〉자주 쓰이는 표현 _ 1 〈

■ 어디에서 <u>내려야합니까?</u>

　　도꼬데　　오리마스까
　　どこで 降りますか。

- -

…▶ 다음 정거장에서요.

　　쯔기노　　에끼데스
　　つぎの 駅です。

바꿔 말하기

• 타야　乗り　노리　　　　• 갈아타야　乗り換え　노리까에

〉 자주 쓰이는 표현 _ 2 〈

- 이것은 <u>도쿄</u>행입니까?

  고레와　　도-꾜-유끼데스까
  これは 東京行きですか。

⋯▶ 네, 그렇습니다.

  하이,　　소-데스
  はい、そうです。

바꿔 말하기

- 오사카　**大阪** 오-사까
- 긴자　　**銀座** 긴자

- 교토　　**京都** 교-또
- 후쿠오카 **福岡** 후꾸오까

▼ 지하철 노선도를 주세요.

　찌까떼쯔노 로센즈오 오네가이시마스
　地下鉄の 路線図を お願いします。

▼ 도쿄백화점 출구는 어디입니까?

　도-꾜-데파-토에노 이리구찌와 도찌라데스까
　東京デパートへの 入口は どちらですか。

▼ 이 근처에 역이 있습니까?

　고노 아따리니 에끼와 아리마스까
　この あたりに 駅は ありますか。

▼ 가장 가까운 역은 어디입니까?

　이찌방 찌까이 에끼와 도꼬데스까
　いちばん 近い 駅は どこですか。

▼ 긴자에 가려면 어느 선을 타면 됩니까?

　긴자에 이꾸니와 도노 센니 노레바 이-데스까
　銀座へ 行くには どの 線に 乗れば いいですか。

▼ 몇 시에 출발합니까?

난지니 슙빠쯔시마스까

何時に 出発しますか。

길묻기

▼ 도쿄에는 몇 시에 도착합니까?

도-꾜-니와 난지니 쯔끼마스까

東京には 何時に 着きますか。

기차
전철

▼ 신칸센은 얼마나 자주 운행됩니까?

신깐셍와 돈나니 닥상 데떼 이룬데스까

新幹線は どんなに たくさん 出て いるんですか。

렌트카

택시

▶ 10분마다 있습니다.

집붕고또니 아리마스

10分ごとに あります。

버스

교통

▼ 마지막 전철은 몇 시입니까?

슈-뎅와 난지데스까

終電は 何時ですか。

▶ 편도로 하실 겁니까, 왕복으로 하실 겁니까?

가따미찌데스까, 오-후꾸데스까
片道ですか、往復ですか。

▼ 편도로 주십시오.

가따미찌오 오네가이시마스
片道を お願いします。

▶ 몇 장 드릴까요?

남마이데스까
何枚ですか。

▼ 2장 부탁합니다.

니마이 오네가이시마스
2枚 お願いします。

▼ 침대차를 주세요.

신다이샤오 구다사이
寝台車を ください。

▼ 개찰구는 어디입니까?

가이사쯔구찌와 도꼬데스까
改札口は どこですか。

▼ 지금 어디쯤입니까?

이마와 도노 헨데스까
今は どの へんですか。

▼ 다음 정차역은 어디입니까?

쯔기노 데-샤에끼와 도꼬데스까
次の 停車駅は どこですか。

▼ 얼마나 걸립니까?

도노꾸라이 가까리마스까
どのくらい かかりますか。

▶ 두 시간정도 걸립니다.

니지깐호도 가까리마스
2時間ほど かかります。

길문기

기차
전철

렌트카

택시

버스

교통

교통

 〉 자주 쓰이는 표현 _ 1 〈

■ 어떤 차를 원합니까?

　　　돈나　　　구루마오 오노조미데스까
　　どんな 車を おのぞみですか。

·····▶ 소형차를 빌리고 싶습니다.

　　　고가따노　구루마오 가리따이데스
　　小型の 車を 借りたいです。

바꿔 말하기

· 중형　中型　쮸-가따　　· RVR차　アルブイアル　아르부이아르
· 오토매틱　オートマ　오-토마

⟩ 자주 쓰이는 표현 _ 2 ⟨

■ 얼마나 빌릴 예정입니까?

　　도노　　구라이데스까

どの くらいですか。

┈▶ <u>12시간</u> 빌리고 싶습니다.

　　쥬-니지깡　가리따이데스

12時間 借りたいです。

바꿔 말하기

• 하루	1日	이찌니찌		• 2일 동안	2日間	후쯔까깡
• 3일 동안	3日間	믹까깡		• 1주일	1週間	잇슈-깡

▼ 렌트카는 어디서 빌려줍니까?

렌타카-와 도꼬데 가리라레마스까
レンタカーは どこで 借りられますか。

▼ 차를 빌리고 싶습니다.

구루마오 가리따이데스
車を 借りたいです。

▼ 하루에 얼마입니까?

이찌니찌 이꾸라데스까
一日 いくらですか。

▶ 하루에 2,000엔입니다.

이찌니찌, 니셍엔데스
1日、2,000円です。

▼ 요금표를 보여 주십시오.

료-낑효-오 미세떼 구다사이
料金表を 見せて ください。

▶ 신용카드를 보여 주십시오.

쿠레짇토카−도오 미세떼 구다사이

クレジットカードを 見せて ください。

길묻기

▼ 목적지에서 반납할 수 있습니까?

노리스떼 데끼마스까

乗り捨て できますか。

기차
전철

▼ 렌트카회사의 연락처를 가르쳐 주십시오.

렌타카−까이샤노 렌락사끼오 오시에떼 구다사이

レンタカー会社の 連絡先を 教えて ください。

렌트카

택시

▼ 보험에 들고 싶습니다.

호껜니 하이리따이데스

保険に 入りたいです。

버스

교통

▼ 기름을 넣어 주십시오.

가소링오 이레떼 구다사이

ガソリンを 入れて ください。

교통

자주 쓰이는 표현 _ 1

■ 어디까지 가십니까?

도꼬마데데스까

どこまでですか。

┈┈┈┈┈┈┈┈┈┈┈┈┈┈┈┈┈┈┈┈┈

···▶ 이 주소로 가주세요.

고노　쥬－쇼마데　오네가이시마스

この 住所まで お願いします。

바꿔 말하기

- 나리타공항　成田空港　나리따꾸－꼬－
- 도쿄백화점　東京デパート　도－꾜－데파－토
- 역　　駅　에끼
- 박물관　博物館　하꾸부쯔깡

도쿄 주요 지명

東京 도-꾜-	**港区** 미나또꾸	**品川区** 시나까와꾸
九段下 구단시따	**新橋** 심바시	**目黒区** 메구로꾸
秋葉原 아끼하바라	**虎ノ門** 도라노몽	**台東区** 다이또-꾸
千代田区 치요다꾸	**赤坂** 아까사까	**上野** 우에노
有楽町 유-라꾸쬬-	**西麻布** 니시아자부	**浅草** 아사꾸사
霞ヶ関 가스미가세끼	**六本木** 롭뽕기	**江東区** 고-또-꾸
大手町 오-떼마찌	**浜松町** 하마마쯔쬬-	**東陽町** 도-요-쬬-
日比谷 히비야	**新宿区** 신쥬꾸꾸	**荒川区** 아라까와꾸
中央区 쮸-오-꾸	**西新宿** 니시신쥬꾸	**日暮里** 닙뽀리
銀座 긴자	**歌舞伎町** 가부끼쬬-	**墨田区** 스미다꾸
晴海 하루미	**四ッヤ** 요쯔야	**両国** 료-꼬꾸꾸
日本橋 니홈바시	**渋谷区** 시부야꾸	**北区** 기따꾸
文京区 붕꾜-꾸	**代々木** 요요기	**豊島区** 도시마꾸
本郷 홍고-	**原宿** 하라쥬꾸	**池袋** 이께부꾸로

▼ 택시정류소는 어디입니까?

타쿠시-노리바와 도꼬데스까

タクシー乗り場は どこですか。

▶ 저기서 기다리십시오.

아소꼬데 맏떼 구다사이

あそこで 待って ください。

▼ 택시를 불러주십시오.

타쿠시-오 욘데 구다사이

タクシーを 呼んで ください。

▼ [오른쪽/왼쪽]으로 도십시오.

[미기/히다리]니 마갇떼 구다사이

[右/左]に 曲がって ください。

▶ 여기에서는 좌회전이 안 됩니다.

고꼬데와 사세쯔데끼마셍

ここでは 左折できません。

▼ 좀 더 빨리 가 주십시오.

몯또 하야꾸 읻떼 구다사이
もっと 早く 行って ください。

길묻기

▼ 좀 천천히 가주십시오.

몯또 육꾸리 읻떼 구다사이
もっと ゆっくり 行って ください。

기차
전철

렌트카

▼ 저기서 세워 주십시오.

아소꼬데 도맏떼 구다사이
あそこで 止まって ください。

택시

버스

▼ 요금이 미터와 틀립니다.

료-낑가 메-타-또 찌가이마스
料金が メーターと 違います。

교통

▼ 잔돈은 가지십시오.

오쯔리와 이-데스
おつりは いいです。

교통

자주 쓰이는 표현 _ 1

■ 이 버스는 우에노에 정차합니까?

고노　　바스와　　우에노데　　도마리마스까

この バスは 上野で 止まりますか。

┈▶ 아니오, 5번 버스를 타세요.

이-에,　　고밤바스니　　놋떼　　구다사이

いいえ、5番バスに 乗って ください。

바꿔 말하기

- 아사쿠사　浅草　　아사꾸사
- 한국대사관　韓国大使館　강꼬꾸다이시깡
- 도쿄타워　東京タワー　히비야
- 미술관　美術館　　비쥬쯔깡

❯ 자주 쓰이는 표현 _ 2 ❮

■ 어디에서 표를 살 수 있습니까?

도꼬데　　긴뿌오　　가에마스까
どこで 切符を 買えますか。

┈┈▶ 저쪽입니다.

아소꼬데스
あそこです。

길묻기

기차
전철

렌트카

택시

버스

교통

바꿔 말하기

• 시내지도　市内地図　　시나이찌즈　　• 노선도　路線図　로센즈
• 팜플렛　パンフレット　팜후렛토　　• 티켓　チケット　치켓토

▼ 그 버스는 얼마나 자주 옵니까?

소노 바스와 돈나니 요꾸 기마스까

その バスは どんなに よく きますか。

▶ 20분마다 옵니다.

니즙뿡고또니 기마스

20分ごとに 来ます。

▼ 버스정류장은 어디입니까?

바스떼-와 도꼬데스까

バス停は どこですか。

▶ 건너편에서 타십시오.

무꼬-데 놋떼 구다사이

むこうで 乗って ください。

▼ 관광버스를 타고 싶습니다.

강꼬-바스니 노리따이데스

観光バスに 乗りたいです。

▶ 저쪽에서 예약하십시오.

아소꼬데 요야꾸시떼 구다사이
あそこで 予約して ください。

길문기

▼ 다음 차는 몇 시입니까?

쯔기노 바스와 난지데스까
つぎの バスは 何時ですか。

기차
전철

▼ 도중에 내릴 수 있습니까?

도쮸-데 오리떼모 이-데스까
途中で 降りても いいですか。

렌트카

택시

▼ 도착하면 가르쳐 주시겠습니까?

쯔이따라 오시에떼 구다사이
着いたら 教えて ください。

버스

교통

▼ 저, 내리겠습니다.

와따시, 오리마스요
私、おりますよ。

동쪽	**東**	히가시
서쪽	**西**	니시
남쪽	**南**	미나미
북쪽	**北**	기따
오른쪽	**右**	미기
왼쪽	**左**	히다리
앞	**前**	마에
뒤	**後ろ**	우시로
옆	**横**	요꼬
건너편	**向う**	무꼬-
우회전	**右折**	우세쯔
좌회전	**左折**	사세쯔
도로	**道路**	도-로
보도	**歩道**	호도-

길묻기

교차로	交差点 고-사뗑
건널목	踏切 후미끼리
길모퉁이	街角 마찌까도
다리	橋 하시
신호	信号 싱고-
횡단보도	横断歩道 오-단호도-
공원	公園 고-엥
시청	市役所 시야꾸쇼
시장	市場 이찌바
극장	劇場 게끼죠-
환락가	歓楽街 간라꾸가이
번화가	繁華街 항까가이
건물	建物 다떼모노
차표	切符 깁뿌

도움이 되는 **활용 어휘**

역	**駅** 에끼
예매	**前売り** 마에우리
매표소	**切符売り場** 깁뿌우리바
어른	**大人** 오또나
어린이	**子供** 고도모
표	**切符** 깁뿌
운임	**運賃** 운찡
승차권 자동판매기	**自動販売機** 지도-함바이끼
대합실	**待合室** 마찌아이시쯔
편도	**片道** 가따미찌
왕복	**往復** 오-후꾸
첫열차	**始発電車** 시하쯔덴샤
막열차	**終電** 슈-뎅
빈차	**空車** 구-샤
급행열차	**急行列車** 규-꼬-렛샤
보통열차	**普通列車** 후쯔-렛샤

기차 · 전철

침대차	寝食車	신다이샤
식당차	食堂車	쇼꾸도-샤
특실	グリーン車	그린-샤
지정석	指定席	시떼-세끼
자유석	自由席	지유-세끼
갈아타기	乗り換え	노리까에
시각표	時刻表	지꼬꾸효-
몇 번선	何番線	남반센
개찰구	改札口	가이사쯔구찌
신칸센	新幹線	싱깐셍
특급창구	みどりの 窓口	미도리노 마도구찌
문	ドア	도아
열립니다	開きます	아끼마스
닫힙니다	閉まります	시마리마스
자동문	自動門	지도-몽

렌트카회사	レンタカーの　会社	렌타카-노 가이샤
보증금	保証金	호쇼-낑
보험료	保険料	호껜료-
자동차 사고보험	自動車事故保険	지도-샤지꼬호껭
수리공장	修理工場	슈-리꼬-죠-
고장중	故障中	고쇼-쮸-
주유소	ガソリンスタンド	가소린스탄도
브레이크	ブレーキ	브레-키
액셀레이터	アクセル	아쿠세루
밧테리	バッテリー	밧테리-
타이어	タイヤ	타이야
(가솔린) 기름	ガソリン	가소린
운전	運転	운뗑
~부터	~から	~까라
~까지	~まで	~마데

렌트카

지도	地図 찌즈
고속도로	高速道路 고-속-도-로
유료도로	有料道路 유-료-도-로
주차금지	駐車禁止 쮸-샤낀시
주차장	駐車場 쮸-샤죠-
통행금지	通交禁止 쯔-꼬-낀시
안전벨트	安全ベルト 안젬베루토
일방통행	一方通行 입뽀-쯔-꼬-
계약서	契約書 게-약쇼
국제 면허증	国際免許証 곡사이멩꾜쇼-
사고	事故 지꼬
신호	信号 싱고-
적신호	赤信号 아까싱고-
청신호	青信号 아오싱고-
황신호	黃信号 기싱고-

도움이 되는 **활용 어휘**

버스	バス 바스
버스터미널	バスターミナル 바스타-미나루
요금	料金 료-낑
버스티켓(세리껜)	整理券 세-리껭
버스정류장	バス停 바스떼-
시내버스	市内バス 시나이바스
시외버스	市外バス 시가이바스
관광버스	観光バス 강꼬-바스
장거리버스	長距離バス 죠-꾜리바스
직통버스	直通バス 죠꾸쯔-바스
고속버스	高速バス 고-속바스
식사휴식	食事休憩 쇼꾸지뀨-께-
질서	秩序 지쯔죠
줄서다	並ぶ 나라부
기다리다	待つ 마쯔
운전수	運転手さん 운뗀슈상

버스 · 택시

택시	タクシー 탁시-
택시 승강장	タクシー乗り場 탁시-노리바
요금	料金 료-낑
얼마입니까?	いくらですか 이꾸라데스까
미터기	メートル機 메-토루끼
목적지	目的地 목떼끼찌
기본요금	基本料金 기혼료-낑
잔돈	おつり 오쯔리
짐	荷物 니모쯔
우회전	右折 우세쯔
좌회전	左折 사세쯔
직진	直進 쬬꾸신
멈추다	止まる 도마루
가다	行く 이꾸
~까지 가 주세요	~まで 行って ください ~마데 잇떼 구다사이

숙박

고급호텔은 대부분 예약을 필요로 하고 있으므로 한국에서 미리 예약을 하거나 여행사, 공항의 여행안내소를 이용하면 된다. 숙박 시설은 국제 수준의 고급호텔부터 비즈니스호텔, 民宿 민슈쿠, 旅館 료칸, 펜션, 外国人ハウス 가이진하우스, 캡슐호텔, 유스호스텔 등 다양하다.

호텔 ホテル

요금은 1박에 싱글룸이 ¥10,000~¥20,000정도이며, 10%의 세금과 10~15%의 서비스요금이 포함되어 있으므로, 팁은 필요 없다. 대개의 호텔에서 음료수와 주류는 냉장고에 있으며 마실 경우에는 시중의 2~3배 가격을, TV프로가 아닌 비디오를 볼 경우, 별도 요금을 체크아웃할 때 지불한다.

비즈니스호텔 ビジネスホテル

새로운 형의 서구식 호텔로 호화롭지는 않으나 능률적이고, 요금이 1박에 욕실 딸린 룸이 ¥7,000~¥11,000정도로 고급호텔에 비해 싼 편이다. 비즈니스맨 이용자가 많아 시설이 간소하며, 복사기·팩스·컴퓨터가 설치된 로비를 운영하는 곳이 많다.

🦊 유스호스텔 ユースホステル

민영 유스호스텔을 이용하려면 국제유스호스텔연맹의 회원증이 필요하다. 요금은 1박 ¥3,300~4,000 정도이며, 여자와 남자가 구분되고 한 룸당 보통 6명이 잘 수 있다. 3일 이상 숙박할 수 없다.

🦊 여관 旅館

旅館료칸 은 일본의 전통적인 숙박시설로 일본여행 중에 하루정도는 꼭 숙박해 볼만한 곳이다.

요금은 호텔과는 달리 사람 수에 따라 받으며 아침식사나 아침과 저녁식사를 포함하는 곳이 많다. 1인당 하루에 ¥8,000~¥25,000 정도로 다양하다.

● 료칸 旅館 이용시 알아두어야 할 사항

입 실	현관에서 일단 신을 벗어 신장에 넣은 후, 슬리퍼로 갈아 신고 방을 안내 받는다.
↓	
종업원	女中쪼쮸- 라는 시중드는 여자가 차와 음식을 날라다주고 밤에 잠자리도 펴준다.
↓	
의 복	여름에는 무명 홑옷인 유까따, 겨울에는 방한용 실내복인 단젠이 각 방마다 놓여 있으므로 갈아입는다.
↓	
목 욕	욕조 안에서는 비누를 사용해서는 안 되며, 일단 욕조 밖에서 비누칠을 하여 몸을 씻은 후에 들어간다.

*팁은 특별한 것을 주문하거나 심부름을 시키지 않는 한 주지 않아도 된다.

숙박

 〉 자주 쓰이는 표현 _ 1 〈

> ■ 어떤 방을 드릴까요?
>
> 돈나　　헤야가　　요로시-데스까
> **どんな 部屋が よろしいですか。**
>
> ·····▶ 트윈룸을 부탁합니다.
>
> 츠인루-무오　　　　　오네가이시마스
> **ツインルームを お願いします。**

바꿔 말하기

• 싱글룸　**シングルルーム** 싱구루루-무　　• 더블룸　**ダブルルーム** 다부루루-무
• 스위트룸　**スイートルーム** 스이-토루-무　• 조용한방　**静かな 部屋** 시즈까나 헤야

자주 쓰이는 표현 _ 2

■ 예약했습니까?

고요야꾸　나사레마시따까

ご予約 なされましたか。

┄┄┄┄┄┄┄┄┄┄┄┄┄┄┄┄┄┄┄┄┄┄┄┄┄┄┄

⋯▶ 네, 서울에서 예약했습니다.

하이.　소우루까라　　요야꾸시마시따

はい、ソウルから 予約しました。

바꿔 말하기

• 도쿄　東京　도-꾜-　　　　　• 공항　空港　구-꼬-

숙박

 〉 자주 쓰이는 표현 _ 3 〈

> ■ 며칠정도 숙박하시겠습니까?
>
> 　도노꾸라이　오또마리데　이랏샤이마스까
> **どのくらい お泊まりで いらっしゃいますか。**
>
> ┄┄┄┄┄┄┄┄┄┄┄┄┄┄┄┄┄┄┄┄┄┄┄┄
>
> ┈▶ <u>1박</u> 하겠습니다.
>
> 　입빠꾸 시마스
> **1泊 します。**

바꿔 말하기

• 2박　2泊　니하꾸　　　　　　• 3박　3泊　삼바꾸

〉 자주 쓰이는 표현 _ 4 〈

■ 욕실이 딸려 있습니까?

바스쯔끼데스까
バスつきですか。

┈▶ 물론입니다.

모찌론데스
もちろんです。

바꿔 말하기

• **아침식사** 朝食 쬬-쇼꾸 　　• **화장실** トイレ 토이레

유용한 표현 ‖ 체크인

▼ 체크인하려고 합니다.

책쿠인 시따이데스
チェックイン したいです。

▶ 예약은 하셨습니까?

고요야꾸 사레마시따까
ご予約 されましたか。

▼ 아니오, 예약하지 않았습니다.

이-에, 요야꾸시떼 이마셍
いいえ、予約して いません。

▶ 성함이 어떻게 되십니까?

오나마에와
お名前は。

▼ 저는 김인랑입니다.

와따시와 김인랑또 모-시마스
私は 金仁朗と 申します。

▼ 몇 시부터 체크인할 수 있습니까?

난지까라 첵쿠인데끼마스까

何時から　チェックインできますか。

▶ 숙박카드를 기입해 주십시오.

슈꾸하꾸카―도오 기뉴―시떼 구다사이

宿泊カードを　記入して　ください。

▼ 네, 이러면 됩니까? 다 쓰고 난 후

하이, 고레데 요로시―데스까

はい、これで　よろしいですか。

▶ 더블로 드릴까요, 싱글로 드릴까요?

다부루데스까, 싱그루데스까

ダブルですか、シングルですか。

▼ 싱글룸을 주십시오.

싱그루루―무오 오네가이시마스

シングルルームを　お願いします。

유용한 표현 ‖ 체크인

▶ **언제 숙박하실 겁니까?**

이쯔 오또마리데 이랏샤이마스까
いつ お泊まりで いらっしゃいますか。

▼ **오늘밤입니다.**

곰반데스
今晩です。

▼ **몇 시까지 체크인해야 합니까?**

난지마데 첵쿠인 시나께레바 나리마셍까
何時まで チェックイン しなければ なりませんか。

▼ **일찍 도착했는데, 체크인할 수 있습니까?**

하야꾸 쯔이따노데스가, 첵쿠인 데끼마스까
早く 着いたのですが、 チェックイン できますか。

▼ **좀 더 [큰/작은] 방이 있습니까?**

몯또 [오-끼-/찌-사이] 헤야가 아리마스까
もっと [大きい/小さい] 部屋が ありますか。

▼ 이 방으로 하겠습니다.

고노 헤야니 시마스

この 部屋に します。

▼ 체크아웃은 몇 시까지입니까?

첵쿠아우토와 난지마데데스까

チェックアウトは 何時までですか。

▶ 12시까지입니다.

쥬—니지마데데스

12時までです。

▼ 방으로 안내해 주십시오.

헤야니 안나이시떼 구다사이

部屋に 案内して ください。

체크인

룸
서비스

시설
이용

체크
아웃

숙박

숙박

〉 자주 쓰이는 표현 _ 1 〈

■ 룸서비스입니다.

　　루-무사-비스데　　　　고자이마스
　　ルームサービスで ございます。

┄┄▶ 샌드위치와 쥬스를 주십시오.

　　산도잇치또　　　쥬-스오　　　구다사이
　　サンドイッチと ジュース を ください。

바꿔 말하기

- 빵과 커피　　パンと コーヒー　　팡또 코-히-
- 과일과 맥주　　くだものと ビール　　구다모노또 비-루

﹥자주 쓰이는 표현 _ 2 ﹤

- 무슨 일이세요?

  난노　　　고요-데스까
  なんの ご用ですか。

  ┈▶ 비누가 없습니다.

  섹껭가　　　　아리마셍
  せっけんが ありません。

바꿔 말하기

- 베개　　まくら　마꾸라　• 수건　タオル　타오루
- 드라이어　ドライヤー　도라이야-

▼ 모닝콜을 부탁합니다.

모-닝구코-루오 오네가이시마스
モーニングコールを お願いします。

▼ 아침 6시에 깨워 주십시오.

아사 로꾸지니 오꼬시떼 구다사이
朝 6時に おこして ください。

▼ 8시에 아침식사를 가져다주십시오.

하찌지니 아사고항오 구다사이
8時に 朝ご飯を ください。

▼ 물이 잘 나오지 않습니다.

미즈가 아마리 데나인데스
水が あまり 出ないんです。

▼ 비누를 주십시오.

섹껭오 구다사이
せっけんを ください。

▼ 방이 좀 시끄럽습니다.

고노 헤야와 쫃또 우루사이데스
この 部屋は ちょっと うるさいです。

체크인

▼ 청소를 해 주십시오.

소–지오 오네가이시마스
掃除を お願いします。

룸
서비스

▼ 열쇠를 방에 두고 나왔습니다.

헤야니 가기오 오이따마마 데마시따
部屋に かぎを 置いたまま でした。

시설
이용

체크
아웃

▼ 저한테 온 메시지가 있습니까?

와따시니 뎅공와 아리마스까
私に 伝言は ありますか。

숙박

▶ 잠깐 기다리십시오.

쫃또 맏떼 구다사이
ちょっと 待って ください。

숙박

자주 쓰이는 표현 _ 1

■ 여기에는 <u>수영장</u>이 있습니까?

고꼬니와　푸-루가　　아리마스까
ここには **プール**が ありますか。

·····▶ 네, 있습니다.

하이,　아리마스
はい、あります。

<u>바꿔 말하기</u>

• 스낵바　　スナックバー　스낙쿠바-　 • 식당　食堂　쇼꾸도-
• 귀중품 보관소　貴重品保管所　기쬬-힝호깐쇼

＞ 자주 쓰이는 표현 _ 2 ＜

> ■ 어떻게 해드릴까요?
>
> 　　도노요-니　　　시마쇼-까
> **どのように しましょうか。**
>
> ┈┈┈┈┈┈┈┈┈┈┈┈┈┈┈┈┈┈┈┈┈
>
> ┄▶ 파마를 해 주십시오.
>
> 　　파-마오　　　시떼　구다사이
> **パーマを して ください。**

• **커트**　カット　캇토　　　　• **면도**　ひげそり　히게소리

▼ 세탁을 해 주십시오.

고레오 센딱시떼 구다사이
これを 洗濯して ください。

▼ 다림질을 해 주세요.

아이롱오 가께떼 구다사이
アイロンを かけて ください。

▶ 언제까지 해드리면 될까요?

이쯔마데 시따라 이-데스까
いつまで したら いいですか。

▼ 3시까지 해주세요.

산지마데니 시떼 구다사이
3時までに して ください。

▶ 그것은 곤란하군요.

소레와 고마리마스네
それは 困りますね。

▼ 서둘러 주세요.

이소이데 구다사이
いそいで ください。

▼ 좀 부탁드립니다.

쫀또 오네가이시마스
ちょっと お願いします。

▼ 내일까지 됩니까?

아시따마데 데끼마스까
あしたまで できますか。

▶ 그렇게 하겠습니다.

가시꼬마리마시따
かしこまりました。

▼ 로비는 몇 층입니까?

로비-와 낭까이데스까
ロビーは 何階ですか。

▼ 이발소는 어디에 있습니까?

도꼬야와 도꼬데스까
とこやは どこですか。

▼ 바로 안내해 주십시오.

바ー니 안나이시떼 구다사이
バーに 案内して ください。

▼ 파마를 해 주십시오.

파ー마오 가께떼 구다사이
パーマを かけて ください。

▼ 짧게 깎아 주세요.

미지까꾸 캇토시떼 구다사이
短く カットして ください。

▼ 이 모양으로 해 주세요.

고노 가미까따니 시떼 구다사이
この 髪型に して ください。

▼ 면도를 해 주십시오.

히게오 숟떼 구다사이
ひげを 剃って ください。

▼ 이것은 팁입니다.

고레와 칩푸데스
これは チップです。

숙박

 ⟩ 자주 쓰이는 표현 _1 ⟨

■ 언제 체크아웃 하시겠습니까?

이쯔　　첵쿠아우토　　　　시마쇼-까

いつ チェックアウト しましょうか。

- -

⋯▶ 2시에 체크아웃 하겠습니다.

니지니　　첵쿠아우토시마스

2時に チェックアウトします。

• 내일 아침 明日の 朝 아시따노 아사　　• 화요일 火曜日 가요-비

⟩ 자주 쓰이는 표현 _ 2 ⟨

체크인

룸
서비스

시설
이용

체크
아웃

숙박

■ 하루 더 묵을 수 있습니까?

모-   이찌니찌, 도마레마스까
もう 一日、 泊まれますか。

‥‥▶ 네, 물론입니다.

하이,   모찌론데스
はい、もちろんです。

바꿔 말하기

• 세 시간   3時間 산지깡   • 일주일간   一週間 잇슈-깡

유용한 표현 ‖ 체크아웃

▼ 체크아웃 하겠습니다.

> 첵쿠아우토오 오네가이시마스
> チェックアウトを お願いします。

▼ 계산을 부탁합니다.

> 간죠-오 오네가이시마스
> 勘定を お願いします。

▼ 하루 일찍 출발하려고 합니다.

> 이찌니찌 하야꾸 슙빠쯔시따인데스
> 一日 早く 出発したいんです。

▼ 신용카드도 됩니까?

> 쿠레짇토카-도데모 이-데스까
> クレジットカードでも いいですか。

▶ 불편한 점은 없었습니까?

> 나니까 후벤나 도꼬로와 아리마셍까
> 何か 不便な ところは ありませんか。

초보여행자도 한번에 찾는다

▼ 영수증을 주십시오.

우께또리오 오네가이시마스
受け取りを お願いします。

체크인

▼ 짐꾼을 불러 주십시오.

포–타–오 욘데 구다사이
ポーターを 呼んで ください。

룸
서비스

▼ 택시를 불러 주십시오.

탁시–오 욘데 구다사이
タクシーを 呼んで ください。

시설
이용

체크
아웃

▼ 이 호텔까지 리무진버스가 옵니까?

고노 호테루마데 리무진바스와 기마스까
この ホテルまで リムジンバスは 来ますか。

숙박

▼ 체크아웃은 몇 시까지입니까?

첵쿠아우토와 난지마데데스까
チェックアウトは 何時までですか。

도움이 되는 **활용 어휘**

안내	**案内** 안나이
예약	**予約** 요야꾸
프론트데스크	**フロント** 후론토
로비	**ロビー** 로비-
접수(처)	**受付** 우께쯔께
호텔	**ホテル** 호테루
비즈니스호텔	**ビジネスホテル** 비지네스호테루
료칸전통여관	**旅館** 료-깡
유스호스텔	**ユースホステル** 유-스호스테루
관광호텔	**観光ホテル** 강꼬-호테루
민박	**民宿** 민슈꾸
캡슐호텔	**カプセルホテル** 캅세루호테루
호텔	**ホテル** 호테루
체크인	**チェックイン** 첵쿠인
체크아웃	**チェックアウト** 첵쿠아우토

체크인

방, 객실	**部屋**	헤야
일본식 다다미방	**和室**	와시쯔
서양식방	**洋室**	요-시쯔
싱글룸	**シングルルーム**	싱그루루-무
트윈룸	**ツインルーム**	츠인루-무
더블룸	**ダブルルーム**	다부루루-무
스위트 룸	**スイートルーム**	스이-토루-무
기숙사, 공동침실	**ドミトリー**	도미토리-
욕실	**バス**	바스
욕실이 딸린 방	**バス付きの部屋**	바스쯔끼노 헤야
욕실이 없는 방	**バスなしの部屋**	바스나시노 헤야
빈 방	**空き部屋**	아끼헤야
침실	**寝室**	신시쯔
화장실	**トイレ**	토이레
숙박카드	**宿泊カード**	슈꾸하꾸카-도

도움이 되는 **활용 어휘**

룸서비스	ルームサービス	루-무사-비스
지배인	支配人	시하이닝
메이드	メード	메-도
모닝콜	モーニングコール	모-닝구코-루
메시지	伝言	덴공
열쇠	かぎ	가기
룸카드	ルームカード	루-므카-도
청소	掃除	소-지
세탁	洗濯	센따꾸
드라이어	ドライヤー	도라이야
다림질	アイロン	아이롱
비누	せっけん	섹껭
수건	タオル	타오루
샴푸	シャンプー	샴푸-
린스	リンス	린스

룸서비스

에어콘	エアコン 에아콘
베개	枕 마꾸라
시트	シーツ 시-츠
짐꾼	ポーター 포-타-
사우나탕	サウナ風呂 사우나부로
헬스센터	ヘルスセンター 헤루스센타-
비즈니스룸	ビジネスルーム 비지네스루-무
e-mail	eメール 이메-루
팩스	ファックス 확쿠스
영수증	領収証 료-슈-쇼-
계산서	勘定書 간죠-가끼
서비스요금	サービス料 사-비스료-
세금	税金 제-낑
팁	チップ 칩푸
신용카드	クレジットカード 크레짓토카-도

식 사

음식값은 장소와 종류에 따라 크게 다르나 호텔이나 일류식당은 비싼 편이다.

그러나 여행자일 경우에는 백화점의 식당, 오피스빌딩이나 대형 아케이드 지하상가에 있는 레스토랑에서 저렴하게 식사할 수 있다. 서비스요금과 팁도 없으며 간단하게 먹으면 보통 ¥600~¥1,200 정도로 할 수 있다.

🐾 레스토랑 レストラン

대부분의 레스토랑의 입구에는 플라스틱으로 만든 음식모형과 가격이 진열되어 있으므로 이름을 모르면 원하는 것을 손으로 가리켜서 주문한다.

🐾 일식집 和食店

많은 인원으로 요리를 먹거나, 연회를 하는 데에 적합한 다다미방으로 올라갈 때에는 구두를 벗어야하며, 편한 자세로 앉으면 된다.

🐼 회전초밥 回転寿司

초밥전문 요리점. 한 접시에 1~2개의 초밥이 들어있는 접시가 회전 테이블에 올려져 있어서 원하는 만큼 먹을 수 있다. 셀프서비스이며 접시당 ¥100~¥300의 가격을 지불한다. 따뜻한 차와 みそしる미소시루 일본식 된장국 을 곁들여 먹는다.

🐼 차 전문점 喫茶店

차와 가벼운 음식을 같이 취급하는 곳이다. 특히, 커피·홍차와 토스트, 때로는 약간의 샐러드를 곁들인 싼 가격의 모닝서비스가 있는데 보통 오전 11시까지 이용할 수 있다.

🐼 소바와 우동 そばと うどん

소바 そば 는 메밀가루로 만들며 우동 うどん 은 밀가루로 만든다. 예로부터 일본 서민들에게 사랑받았던 소바와 우동은 가장 인기 높은 가벼운 식사 중의 하나이다.

🐼 패스트푸드점 ファーストフード

간단한 식사를 원한다면 우리나라에서 흔히 볼 수 있는 롯데리아, 웬디스, 맥도널드, KFC, 피자헛 팻자인 등의 서양식 패스트푸드점을 이용한다. 전국 주요 도시에 많은 지점망을 두고 영업하고 있고, 이곳에서 ¥500~¥800정도면 햄버거와 콜라 한 잔을 먹을 수 있다.

식사

〉 자주 쓰이는 표현 _ 1 〈

■ 몇 분이십니까?

남메-사마데스까

何名さまですか。

⋯▶ <u>3명</u>입니다.

산닌데스

3人です。

바꿔 말하기

•1명	1人	히또리		•2명	2人	후따리
•4명	4人	요닌		•5명	5人	고닌

〉자주 쓰이는 표현 _ 2 〈

■ 몇 시에 오실 겁니까?

난지니　이랏샤이마스까
何時に いらっしゃいますか。

┄┄▶ 1시입니다.

이찌지데스
1時です。

바꿔 말하기

• 6시	6時	로꾸지		• 6시30분	6時半	로꾸지 한
• 7시	7時	시찌지		• 8시	8時	하찌지

▼ 예약을 하고 싶습니다.

   요야꾸시따인데스가
   予約したいんですが。

▶ 성함을 말씀해 주십시오.

   오나마에오 도-조
   お名前を どうぞ。

▼ 한국요리가 됩니까?

   강꼬꾸료-리와 데끼마스까
   韓国料理は できますか。

▼ 창가 좌석으로 주십시오.

   마도기와노 세끼가 이-데스
   窓側の 席が いいです。

▶ 죄송합니다. 빈 좌석이 없습니다.

   잔넨나가라 만세끼데스
   残念ながら 満席です。

▶ 이 자리는 어떻습니까?

고노 세끼데 이까가데스까

この 席で いかがですか。

예약

▼ 몇 시까지 가면 됩니까?

난지마데 읻따라 이-데스까

何時まで 行ったら いいですか。

주문

▶ 8시까지 오십시오.

하찌지마데 기떼 구다사이

8時まで 来て ください。

식사중

계산

식사

▼ 기다려야합니까?

마따나께레바 나리마셍까

待たなければ なりませんか。

▼ 예약하지 않았는데, 식사할 수 있습니까?

요야꾸시나깓딴데스가, 쇼꾸지데끼마스까

予約しなかったんですが、食事できますか。

식사

자주 쓰이는 표현 _ 1

- 무엇을 드시겠습니까?

  나니니 나사이마스까

  何に なさいますか。

····▶ 이것을 주십시오.

  고레오 구다사이

  これ を ください。

바꿔 말하기

• 스테이크	ステーキ	스테-키		• 회	お刺身	오사시미
• 초밥	すし	스시		• 생선	魚	사까나

〉자주 쓰이는 표현 _ 2 〈

예약

주문

식사중

계산

식사

- 어떤 <u>요리</u>가 있습니까?

  돈나　　료-리가　　아리마스까
  どんな 料理が ありますか。

⋯▶ 메뉴를 보십시오.

  메뉴-오　　　도-조
  メニューを どうぞ。

바꿔 말하기

• 술　　お酒 오사께　　　　• 음료수　飲み物　노미모노

▶ **무엇으로 하시겠습니까?**

나니니 나사이마스까
何に なさいますか。

▼ **나중에 주문하겠습니다.**

아또니 쮸—몬시마스
後に 注文します。

▼ **주문해도 됩니까? 주문 받으세요!**

쮸—몬시떼모 이—데스까
注文しても いいですか。

▼ **추천메뉴는 무엇입니까?**

오스스메노 료—리와 난데스까
お勧めの 料理は 何ですか。

▼ **메뉴를 주십시오.**

메뉴—오 구다사이
メニューを ください。

▼ 오늘의 특별요리는 무엇입니까?

교-노 도꾸베쯔료-리와 난데스까
今日の 特別料理は なんですか。

▼ 샐러드는 어떤 종류가 있습니까?

사라다와 돈나 슈루이가 아리마스까
サラダは どんな 種類が ありますか。

▼ 다이어트 메뉴가 있습니까?

다이엣토메뉴-와 아리마스까
ダイエットメニューは ありますか。

▼ 와인리스트를 보여 주십시오.

와인리스토오 미세떼 구다사이
ワインリストを 見せて ください。

▼ 당신이 추천하는 요리를 먹겠습니다.

아나따노 스스메루 료-리오 다베마스
あなたの 勧める 料理を 食べます。

▼ 새우튀김을 주십시오.

　　에비후라이오 구다사이
　　えびフライを　ください。

▶ 디저트는 무엇으로 하시겠습니까?

　　데자-토와 나니니 나사이마스까
　　デザートは　何に　なさいますか。

▼ 디저트는 무엇이 있습니까?

　　데자-토니 나니가 아리마스까
　　デザートに　何が　ありますか。

▼ 콜라를 주세요.

　　코-라오 구다사이
　　コーラを　ください。

▼ 주문한 요리가 아직 안 나왔습니다.

　　쮸-몬시따 료-리가 마다 고나이노데스가
　　注文した　料理が　まだ　来ないのですが。

▼ 이것은 주문하지 않았습니다.

고레와 쮸―몬시떼 이마셍
これは 注文して いません。

예약

▼ 디저트를 주십시오.

데자―토오 오네가이시마스
デザートを お願いします。

주문

▼ 이건 제가 주문한 것이 아닙니다.

고레와 와따시가 쮸―몬시따 모노데와 아리마셍
これは 私が 注文した ものでは ありません。

식사중

▼ 주문을 취소할 수 있습니까?

쮸―몽오 도리께세마스까
注文を 取り消せますか。

계산

식 사

▼ 주문을 바꿔도 됩니까?

쮸―몽오 헹꼬―시떼모 이―데스까
注文を 変更しても いいですか。

 식사

📷 〉자주 쓰이는 표현 _ 1 〈

> ■ 숟가락을 떨어뜨렸습니다.
>
> 스푼-오　　　오또시데　　시마이마시따
> **スプーン**を　落として　しまいました。
> ‧‧‧
> ⋯▶ 바로 가져다 드리겠습니다.
>
> 이마,　오모찌이따시마스
> **今、お持ちいたします。**

바꿔 말하기

- 포크　　　　　**フォーク** 훠-쿠
- 개인용 접시 **取り皿** 도리자라

- 나무젓가락 **わりばし** 와리바시
- 냅킨　　　　**ナプキン** 나푸킨

˃ 자주 쓰이는 표현 _ 2 ˂

예약

주문

식사중

계산

식사

■ 소금을 주십시오.

　　시오오　　구다사이
　塩を　ください。

┈▶ 네, 여기 있습니다.

　　하이,　　도-조
　はい、どうぞ。

바꿔 말하기

• 설탕　さとう　사또-　　　• 후추　こしょう　고쇼-
• 와사비　わさび　와사비　　• 이쑤시개　ようじ　요-지

▼ 먹는 법을 가르쳐 주십시오.

다베까따오 오시에떼 구다사이
食べ方を 教えて ください。

▼ 여기요, 물 좀 주십시오.

스미마셍, 오미즈오 구다사이
すみません、お水を ください。

▼ 오차(따뜻한 차) 주십시오.

오쨔 구다사이
お茶 ください。

▼ 한 잔 더 주십시오.

모- 입빠이 구다사이
もう 一杯 ください。

▼ 소금을 집어 주십시오.

시오오 돋떼 구다사이
塩を 取って ください。

▼ 다시 한 번 메뉴를 보여 주십시오.

　　모- 이찌도 메뉴-오 미세떼 구다사이

　　もう 一度 メニューを 見せて ください。

▼ 맛있군요.

　　오이시-데스네

　　おいしいですね。

▼ 김치 있습니까?

　　기무치, 아리마스까

　　キムチ、ありますか。

▼ 한 그릇 더 주실 수 있습니까?

　　오까와리데끼마스까

　　おかわりできますか。

▼ 잘 먹었습니다.

　　고찌소-사마데시따

　　ごちそうさまでした。

 식사

 〉자주 쓰이는 표현 _ 1 〈

■ 계산해 주십시오.

　　오깐죠-오　　　　오네가이시마스
　　お勘定を　お願いします。

…▶ 잠깐 기다려 주십시오.

　　쫃또　　　　맏떼　　　구다사이
　　ちょっと　待って　ください。

바꿔 말하기

• 영수증　領収書 료-슈-쇼　　　• 서명　サイン 사인

﹥ 자주 쓰이는 표현 _ 2 ﹤

예약

주문

식사중

계산

식사

■ 세금은 별도입니까?

제-낑와　베쯔데스까

税金は　別ですか。

┈▶ 세금은 포함되어 있습니다.

제-낑와　후꾸마레떼　이마스

税金は　含まれて　います。

• 서비스료　サービス料　사-비스료- • 팁　チップ　칩푸

유용한 표현 ‖ 계산

▶ 선불입니다.

사끼바라이데스
先払です。

▼ 어디에서 지불합니까?

도꼬데 하라이마스까
どこで 払いますか。

▼ 이 카드로 지불해도 됩니까?

고노 카—도데 하라에마스까
この カードで 払えますか。

▶ 여기에 서명해 주시겠습니까?

고찌라니 사잉오 오네가이시마스
こちらに サインを お願いします。

▶ 세금포함입니다.

제—낑와 후꾸마레떼 이마스
税金は 含まれて います。

▼ 영수증을 주십시오.

료-슈-쇼오 구다사이
領収書を ください。

▼ 계산서가 잘못된 것 같습니다.

간죠-쇼가 마찌갇떼 이마스
勘定書が 間違って います。

▼ 잔돈이 잘못되었습니다.

오쯔리가 마찌갇떼 이마스
おつりが 間違って います。

▼ 이것은 무슨 금액입니까?

고레와 난노 깅가꾸데스까
これは 何の 金額ですか。

▼ 이것은 팁입니다.

고레와 칩푸데스
これは チップです。

예약

주문

식사중

계산

식사

도움이 되는 **활용 어휘**

일본요리	**日本料理**	니혼료-리
한국요리	**韓国料理**	강꼬꾸료-리
중국요리	**中華料理**	쮸-까료-리
서양요리	**西洋料理**	세-요-료-리
아침식사	**朝ご飯**	아사고항
점심식사	**昼ご飯**	히루고항
저녁식사	**夕食**	유-쇼꾸
후식	**デザート**	데자-토
소고기	**牛肉**	규-니꾸
돼지고기	**豚肉**	부따니꾸
닭고기	**鶏肉**	도리니꾸
생선	**魚**	사까나
새우	**えび**	에비
야채	**野菜**	야사이
과일	**果物**	구다모노

식사

설탕	佐藤 사또-
소금	塩 시오
와사비	わさび 와사비
간장	しょうゆ 쇼-유
식초	酢 스
후추	こしょう 고쇼-
젓가락	おはし 오하시
숟가락	スプーン 스푼
접시	お皿 오사라
개인용 작은 접시	小皿, 取り皿 고자라, 도리자라
밥공기	ちゃわん 짜왕
컵	コップ 콥푸
사용법	使い方 쯔까이까따
먹는 법	食べ方 다베까따
마시는 법	飲み方 노미까따

맑은장국	**すまし汁**	스마시지루
국	**汁物**	시루모노
된장국	**みそ汁**	미소시루
야채절임	**漬け物**	쯔께모노
모듬냄비	**寄せ鍋**	요세나베
굴야채국	**かき鍋**	가끼나베
비지요리	**おから煮**	오까라니
김밥	**のり巻き**	노리마끼
죽순요리	**竹の子の 煮物**	다께노꼬노 니모노
전골요리	**すきやき**	스끼야끼
튀김	**てんぷら**	뎀뿌라
주먹초밥	**にぎりずし**	니기리즈시
소고기덮밥	**牛丼**	규-동
회	**お刺身**	오사시미
초밥	**寿司**	스시

음료

음료수	**飲み物**	노미모노
물	**お水**	오미즈
차	**お茶**	오쨔
홍차	**紅茶**	고-쨔
일본차	**日本茶**	니혼쨔
커피	**コーヒー**	코-히-
아이스커피	**アイスコーヒー**	아이스코-히-
코코아 cocoa	**ココア**	코코아
우유 milk	**ミルク**	미루쿠
밀크쉐이크	**ミルクシェーク**	미루꾸쉐-크
미네랄워터	**ミネラルウォーター**	미네라루와-타-
보리차	**麦茶**	무기쨔
녹차	**緑茶**	로꾸쨔
사이다	**サイダー**	사이다-
콜라	**コーラ**	코-라

쇼 핑

양주, 담배, 향수는 공항의 면세점이 싸므로 마지막에 구입하고 보석
이나 시계 등의 고급품은 품질보증서를 받고 구입한다.
면세점에서의 면세제도는 외국인 여행자들에게 자국의 상품에 붙는
소비세를 감면해주는 제도이며, 여권에 상품내역을 철해서 준다.
일본에서 쇼핑을 하다 보면 made in Korea이거나 동남아제품을 사
는 경우가 많으므로 원산지를 살펴보 고 사는 지혜를 가져야 한다.

백화점 デパート

백화점에는 상품이 많을 뿐만 아니라 세련된 디자인과 날렵한
모양들로 많은 여행자들의 쇼핑 구미를 돋구어준다. 백화점
의 영업시간은 보통 오전 10시~오후 7시이다.

면세점 免税店

외국인 여행객을 위한 면세점들이 있다. 이곳에서 면세품을
사려면 기호품을 제외하고는 카드에 필요 사항을 적어 여권
을 제시해야 면세혜택을 받을 수 있다.

아키하바라 秋葉原

전자제품상가인 아키하바라 秋葉原 는 일반 시중가보다 5%~30% 저렴하며, 우리나라의 용산전자상가와 비슷하다.mp3 등의 전자제품을 살 때는 수신가능 주파수대를 확인 후, 구입하며, 싼 제품은 동남아시아에서 조립한 경우가 있다.

슈퍼마켓 スーパー

우리나라의 수퍼와 같이 식료품과 일상용품을 팔고 있으며 간단한 음식 종류와 반찬 종류도 팔고 있다. 요즈음은 24시간 영업을 하는 편의점 형태를 갖추고 영업을 하고 있는 곳이 많다. 간단한 튀김류나 도시락 종류도 팔고 있으므로 식사대용으로 이용할 수 있다.

전문점 專門店

구두·옷·책·문구·골동품·보석 등 1~2가지 상품을 전문적으로 파는 가게로, 전문점만의 특성이 살아있다.

시장 市場

주택지가 밀집된 동네 안에는 생선가게魚屋 : 사까나야 과일·야채가게八百屋 : 아오야, 정육점肉屋 : 니꾸야, 쌀가게米屋:고메야 등이 있으며, 김치 등의 한국음식물과 일본의 전통품을 파는 곳도 있다.

쇼핑

 〉 자주 쓰이는 표현 _ 1 〈

- <u>시계</u>는 어디에 있습니까?

　　도께-와　　도꼬니　　아리마스까
　　時計は　どこに　ありますか。

- -

…▶ 곧바로 가면 됩니다.

　　맛스구니　　　잇떼　　구다사이
　　まっすぐに　行って　ください。

바꿔 말하기

• 우산	傘	가사		• 모자	帽子	보-시
• 구두	靴	구쯔		• 벨트	ベルト	베루토

⟩ 자주 쓰이는 표현 _ 2 ⟨

■ 무엇을 보여드릴까요?

나니오　사시아게마쇼-까

何を　差し上げましょうか。

┈┈┈┈┈┈┈┈┈┈┈┈┈┈┈┈┈┈┈

┄➤ 모자를 좀 보여주십시오.

보-시오　미세떼　구다사이

帽子を　見せて　ください。

바꿔 말하기

• 지갑　　さいふ　　사이후　　　　• 핸드백　　ハンドバッグ 한도박구
• 손수건　ハンカチ　항카치　　　• 선글라스 ザングラス　　상구라스

▼ 화장품은 몇 층에 있습니까?

게쇼-힝와 낭까이니 아리마스까
化粧品は 何階に ありますか。

▼ 엘리베이터는 어디에 있습니까?

에레베-타-와 도꼬니 아리마스까
エレベーターは どこに ありますか。

▼ 면세코너는 어디입니까?

멘제-코-나-와 도꼬데스까
免税コーナーは どこですか。

▶ 저쪽에 있습니다.

아찌라데스
あちらです。

▶ 그것은 2층에 있습니다.

소레와 니까이니 아리마스
それは 2階に あります。

▶ 곧장 가십시오.

맏스구니 읻떼 구다사이
まっすぐに 行って ください。

쇼핑
안내

▼ 그냥 구경하는 겁니다.

쫀또 미루다께데스
ちょっと 見るだけです。

물건
고르기

▶ 천천히 구경하십시오.

고육꾸리 고랑꾸다사이
ごゆっくり ごらんください。

흥정
환불

쇼핑

▼ 선물을 사고 싶습니다.

오미야게오 가이따인데스
おみやげを 買いたいんです。

▼ 이것은 신제품입니까?

고레와 신세-힌데스까
これは 新製品ですか。

쇼핑

 〉자주 쓰이는 표현 _ 1 〈

■ 이것은 어떻습니까?

고레와　　이까가데스까
これは　いかがですか。

···▶ 다른 것을 보여주십시오.

호까노　　모노오　　미세떼　　구다사이
ほかの 物を 見せて ください。

바꿔 말하기

- **치수**　サイズ 사이즈
- **모양**　形 가따찌
- **디자인**　デザイン 데자잉
- **색깔**　色 이로

＞ 자주 쓰이는 표현 _ 2 ＜

■ 신어 봐도 됩니까?

　　하이떼　　　미떼모　　　이-데스까
　　はいて　みても　いいですか。

- -

…▶ 네, 물론입니다.

　　하이.　　　모찌론데스
　　はい、もちろんです。

바꿔 말하기

• 입어　**着て** 기떼　　　• 만져　**触って** 사왇떼

쇼핑

〉 자주 쓰이는 표현 _ 3 〈

■ 어떻습니까?

이까가데스까
いかがですか。

┄┄▶ 약간 큰 것 같습니다.

쫃또 　　오-끼-데스네
ちょっと 大きいですね。

바꿔 말하기

• 작은　　小さい 찌-사이　　• 꼭 끼는　きつい 기쯔이
• 헐렁한　ゆるい 유루이　　• 긴　　　長い 나가이

⟩ 자주 쓰이는 표현 _ 4 ⟨

■ 가죽제품이 있습니까?

　　가와노　세-힝와　　아리마스까

　　皮の　製品は　ありますか。

········▶ 네, 있습니다.

　　하이,　　아리마스

　　はい、あります。

바꿔 말하기

· 금　金　낑　　　　　　· 은　銀　깅
· 울　ウール　우-루　　· 실크　シルク　시루쿠

유용한 표현 ‖ 구경

▼ 단지 구경만 하고 싶습니다.

쯛또 미루다께데스
ちょっと 見るだけです。

▶ 천천히 구경하십시오.

고육꾸리 고랑꾸다사이
ごゆっくり ごらんください。

▼ 다른 색을 보여 주십시오.

이로찌가이노오 미세떼 구다사이
色違いのを 見せて ください。

▶ 이것은 어떻습니까?

고레와 이까가데스까
これは いかがですか。

▼ 다른 스타일을 보여 주십시오.

호까노 스타이루오 미세떼 구다사이
ほかの スタイルを 見せて ください。

초보여행자도 한번에 찾는다

▼ 사이즈는 어느 정도입니까?

사이즈와 도노꾸라이데스까
サイズは どのくらいですか。

쇼핑
안내

물건
고르기

흥정
환불

쇼핑

▼ 사이즈를 재주세요.

사이즈오 하깓떼 구다사이
サイズを 計って ください。

▼ 치마를 보여 주십시오.

스카-토오 미세떼 구다사이
スカートを 見せて ください。

▼ 어디서 옷을 갈아입습니까?

도꼬데 기가에룬데스까
どこで 着がえるんですか。

▶ 탈의실은 여기입니다.

시짜꾸시쯔와 고찌라데스
試着室は こちらです。

▼ 좀 더 밝은 것은 없습니까?

몬또 아까루이노와 아리마셍까
もっと 明るいのは ありませんか。

▼ 빨간 것이 있습니까?

아까이노와 아리마스까
赤いのは ありますか。

▶ 잘 맞습니까? 어떻습니까? – 옷을 입어본 후

이까가데스까
いかがですか。

▼ 너무 짧습니다.

미지까스기마스
短かすぎます。

▼ 사용방법을 가르쳐 주십시오.

쯔까이까따오 오시에떼 구다사이
使い方を 教えて ください。

▼ 이것은 남성용입니까?

고레와 단세-요-데스까
これは 男性用ですか。

▶ 그것은 여성용입니다.

소레와 죠세-요-데스
それは 女性用です。

▼ 이것은 진짜입니까? 모조품입니까?

고레와 홈모노데스까、 니세모노데스까
これは 本物ですか、偽物ですか。

▼ 잘 팔리는 것은 어느 것입니까?

요꾸 우레루노와 도레데스까
よく 売れるのは どれですか。

▼ 이것은 최신형입니까?

고레와 사이싱까따데스까
これは 最新型ですか。

쇼핑

〉자주 쓰이는 표현 _ 1 〈

■ 이것은 얼마입니까?

고레와　　　이꾸라데스까
これは　いくらですか。

- -

···▶ 2,000엔입니다.

니셍엔데스
2,000円です。

바꿔 말하기

- **립스틱**　口紅　구찌베니
- **책**　本　홍

- **카메라**　カメラ　카메라
- **바지**　ズボン　즈봉

⟩ 자주 쓰이는 표현 _ 2 ⟨

쇼핑
안내

물건
고르기

흥정
환불

쇼핑

■ 좀 더 싼 것은 없습니까?

못또　　야스이노와　　아리마셍까

もっと 安いのは ありませんか。

┄┄┄┄┄┄┄┄┄┄┄┄┄┄┄┄

┄▶ 그럼, 이것은 어떻습니까?

데와,　　고레와　　이까가데스까

では、これは いかがですか。

바꿔 말하기

• 비싼　　高い　다까이　　　• 좋은　　いい　이-
• 수수한　じみな　지미나　　• 화려한　はでな　하데나

▶ 어서 오십시오.

이랏샤이마세
いらっしゃいませ。

▼ 이 립스틱은 얼마입니까?

고노 구찌베니와 이꾸라데스까
この 口紅は いくらですか。

▶ 3,500엔입니다.

산젱고하꾸엔데스
3,500円です。

▼ 조금 비쌉니다.

쫃또 다까이데스네
ちょっと 高いですね。

▼ 좀더 싼 것은 없습니까?

몯또 야스이노와 아리마셍까
もっと 安いのは ありませんか。

▼ 조금 싸게 해 주십시오.

모- 스꼬시 야스꾸시떼 모라에마셍까

もう 少し 安くして もらえませんか。

쇼핑
안내

▼ 500엔 정도 깎아 주십시오.

고햐꾸엥구라이 마께떼 구레마셍까

500円ぐらい まけて くれませんか。

물건
고르기

▼ 좀 깎아 주십시오.

네비끼시떼 이따다께마셍까

値引きして いただけませんか。

흥정
환불

▼ 면세로 살 수 있습니까?

멘제-데 가에마스까

免税で 買えますか。

쇼 핑

▼ 1,500엔밖에 없습니다.

셍고햐꾸엔시까 나인데스

1,500円しか ないんです。

유용한 표현 ‖ 포장·배달·환불

▼ 비자카드로 계산할 수 있습니까?

비자카ー도오 쯔까에마스까

ビザカードを 使えますか。

▼ 선물용으로 싸주세요.

오미야게요ー니 쯔쯘데 구다사이

おみやげ用に 包んで ください。

▼ 따로따로 싸주세요.

베쯔베쯔니 쯔쯘데 구다사이

別々に 包んで ください。

▼ 이 주소로 보내(배달해) 주십시오.

고노 쥬ー쇼니 오꿋떼 이따다께마스까

この 住所に 送って いただけますか。

▼ 좀 생각해 보겠습니다.

쫀또 강가에떼 미마스

ちょっと 考えて 見ます。

▼ 이것을 바꿔 주십시오.

고레오 도리까에떼 구다사이

これを 取りかえて ください。

쇼핑
안내

▼ 이것보다 더 큰 사이즈로 바꿔 주십시오.

고레요리 모- 오-끼- 사이즈니 갸에떼 모라에마스까

これより もう 大きい サイズに 換えて
もらえますか。

물건
고르기

▼ 환불해 주십시오.

하라이모도시떼 구다사이

払い戻して ください。

흥정
환불

쇼핑

▼ 이것은 영수증입니다.

고레와 료-슈-쇼데스

これは 領収書です。

도움이 되는 **활용 어휘**

백화점	**デパート**	데파-토
시장	**市場**	이찌바
서점	**本屋·書店**	홍야·쇼뗑
카메라점	**カメラ屋**	카메라야
면세점	**免税店**	멘제-뗑
이발소	**とこや**	도꼬야
미용실	**美容室**	비요-시쯔
문방구	**文房具屋**	붐보-구야
양복점	**洋服店**	요-후꾸뗑
양장점	**婦人服店**	후징후꾸뗑
구두가게	**靴屋**	구쯔야
전기제품점	**電気器具店**	뎅끼끼구뗑
토산품점	**土産物屋**	미야게모노야
골동품점	**骨董品店**	곧또-힝야
제과점	**パン屋**	팡야

상점

화장품점	**化粧品店**	게쇼-힌뗑
식료품점	**食料品店**	쇼꾸료-힌뗑
보석점	**宝石店**	호-세끼뗑
담뱃가게	**タバコ屋**	타바코야
세탁소	**クリーニング屋**	쿠리-닝구야
슈퍼마켓	**スーパー**	스-파-
모자가게	**帽子屋**	보-시야
스포츠용품점	**スポーツ屋**	스포-츠야
안경점	**眼鏡屋**	메가네야
장난감점	**おもちゃ屋**	오모쨔야
선물가게	**みやげもの屋・プレゼント屋**	미야게모노야・프레젠토야
CD Shop	**CDショップ**	씨디숍푸
100엔Shop	**100円ショップ**	햐꾸엔숍푸
잡화점	**雑貨屋**	작까야
주류점	**酒屋**	사까야

도움이 되는 **활용 어휘**

색깔	**色**	이로
검정/검은	**黒/黒い**	구로/구로이
하양/하얀	**白/白い**	시로/시로이
빨강/빨간	**赤/赤い**	아까/아까이
파랑/파란	**青/青い**	아오/아오이
노랑/노란	**黄いろ/黄いろい**	기-로/기-로이
녹색	**緑色**	미도리이로
회색	**灰色/ねずみいろ**	하이이로/네즈미이로
갈색	**茶色**	쨔이로
분홍	**ピンク**	핑쿠
베이지색	**ベージュ**	베-쥬
보라색	**紫**	무라사끼
곤색	**紺色**	공이로
하늘색	**水色**	미즈이로
밝은 색	**明るい色**	아까루이이로

색깔

진한 색	濃い色 고이이로
연한 색	薄い色 우스이이로
남색	あいいろ 아이이로
금색/금빛	金色 낑이로
은색/은빛	銀色 깅이로
오렌지색	だいだいいろ 다이다이이로
담청색	薄青色 우스아오이이로
담녹색	薄緑色 우스미도리이로
진한 갈색	焦茶色 고게쨔이로
연보라색	薄紫色 우스무라사끼이로
흑백	白黒 시로꾸로

도움이 되는 **활용 어휘**

무늬	柄	가라
세로줄무늬	縱縞	다떼지마
가로줄무늬	橫縞	요꼬지마
바둑판무늬	ごばん縞	고방지마
무늬 없는 옷감	無地	무지
체크무늬	チェック	첵쿠
물방울무늬	水玉	미즈다마
줄무늬	縞	시마
레이스	レース	레-스
옷감	生地	기지
코튼	コットン	콧톤
목면	もめん	모멘
개버딘	ギャバジン	갸바징
마	麻	아사
비단	絹 / シルク	기누/시루쿠

무늬·옷감

모직물	毛織物	게오리모노
울	ウール	우-루
화학섬유	化繊	가셍
나일론	ナイロン	나이롱
폴리에스테르	ポリエステル	포리에스테루
가죽	皮	가와
소가죽	牛の 皮	우시노 가와
악어가죽	わに皮	와니가와
녹피	鹿皮	시끼가와
양가죽	羊皮	요-가와
돼지가죽	豚皮	부따가와

옷	**服** 후꾸
상의	**上着** 우와기
블라우스	**ブラウス** 부라우스
바지	**ズボン** 즈봉
치마	**スカート** 스카-토
모자	**帽子** 보-시
속옷	**下着** 시따기
속치마	**スリップ** 스립푸
수영복	**水着** 미즈기
장갑	**手袋** 데부꾸로
양말	**靴下** 구쯔시따
벨트	**ベルト** 베루토
깃	**えり** 에리
소매	**そで** 소데
주머니	**ポケット** 포켈토

| 얼마입니까? | いくらですか。 이꾸라데스까 |
| ~엔 입니다 | 숫자+円えん です。 ~엔데스 |

100	ひゃく 햐꾸	1,000	せん 셍	10,000	いちまん 이찌망
200	にひゃく 니햐꾸	2,000	にせん 니셍	20,000	にまん 니망
300	さんびゃく 삼뱌꾸	3,000	さんぜん 산젱	30,000	さんまん 삼망
400	よんひゃく 용햐꾸	4,000	よんせん 욘셍	40,000	よんまん 욤망
500	ごひゃく 고햐꾸	5,000	ごせん 고셍	50,000	ごまん 고망
600	ろっぴゃく 롭빠꾸	6,000	ろくせん 로꾸셍	60,000	ろくまん 로꾸망
700	ななひゃく 나나햐꾸	7,000	ななせん 나나셍	70,000	ななまん 나나망
800	はっぴゃく 합빠꾸	8,000	はっせん 핫셍	80,000	はちまん 하찌망
900	きゅうひゃく 규-햐꾸	9,000	きゅうせん 규-셍	90,000	きゅうまん 규-망

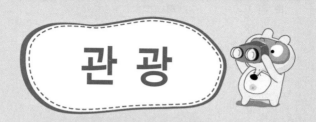

관 광

도착 공항이나 호텔의 안내소, 관광안내소에서 가고 싶은 곳이나 주변도시의 지도를 입수한다. 지도에는 일반적인 관광요령과 관광명소 등이 수록되어 있으므로 흥미 있는 곳을 체크해 두고 한정된 체류일수에 어떻게 효율적으로 관광을 할 것인지를 결정한다.

목적지를 먼저 정한 후에 경유지, 교통편, 시간, 옵션 등을 고려하도록 한다. 막연히 거리를 돌아다니는 것보다 박물관이나 영화관 등 취미를 살리거나 주제를 정하여 여행을 하는 것도 하나의 방법이다.

🐼 현지관광 観光

호텔의 안내소나 여행 안내소 Tic 를 찾아가 관광의 종류와 관광 시간대를 선택한다. 현지관광에는 관광 중에 자유행동과 옵션 관광이 실시되는 경우가 많은데, 선택을 확실히 해야 한다. 관광 내용은 시내관광, 명승지관광, 버라이어티관광 골프, 게이샤쇼, 나이트쇼 …등으로 되어 있으며, 시간은 3~4시간, 반나절, 하루 등으로 구분되어 있다. 또 한국인 가이드가 안내하는 경우도 있다. 시내관광 전문인 HATO BUS를 이용할 수도 있다.

🐼 박물관·미술관 博物館·美術館

일본의 문화와 인류의 발자취를 볼 수 있는 곳으로 전시된 물품은 고대 우리 문화와 동질성을 보여주며 전문적인 전시관이 많이 있다. 대표적인 것으로는 東京国立博物館 도쿄국립박물관, 東京国立近代美術館 도쿄국립근대미술관 과 出光美術館 이데미쯔 미술관 등이 있다.

🐼 공원 公園

도시의 중심가에서부터 변두리까지 많은 공원이 조성되어 벚꽃놀이부터 야유회까지 풍성한 잔치가 벌어지는 곳이다. 대부분 神寺 신사 를 모시고 있으며 잘 정돈되고 깨끗하다.
지하철역에 가까운 곳에 있으며 대부분 무료로 입장되는 곳이 많다. 上野公園 우에노공원 등이 유명하다.

🐼 관광안내 観光案内

관광안내 책자나 시내지도, 교통지도 등은 각 도시의 공항이나 역, 버스터미널 주변에서 구할 수 있다. 또 키오스크 キオスク 가판대 나 작은 기념상점 안에는 그 도시의 안내책자, 크고 작은 지도 등을 판매한다.

관광

〉 자주 쓰이는 표현 _ 1 〈

■ 이 근처에 관광안내소가 있습니까?

　고노　　헨니　　강꼬-안나이죠가　　아리마스까

この 辺に 観光案内所が ありますか。

┈┈┈┈┈┈┈┈┈┈┈┈┈┈┈┈┈┈┈┈┈┈┈┈┈┈

┈▶ 역 앞에 있습니다.

　에끼노　　마에니　　아리마스

駅の 前に あります。

바꿔 말하기

• 식당　　　食堂　　쇼꾸도-
• 동물원　　動物園　도-부쯔엥

• 박물관　　博物館　하꾸부쯔깡
• 공원　　　公園　　고-엥

〉자주 쓰이는 표현 _ 2 〈

■ 어떤 관광코스가 있습니까?

돈나 　　강꼬-코-스가 　　아리마스까

どんな 観光コースが ありますか。

······▶ 하루관광이 있습니다.

이찌니찌깡꼬-가 　아리마스

一日観光が あります。

바 꿔 말하기

• 반나절관광 半日観光 한니찌깡꼬-　• 골프투어 ゴルフツアー 고르후츠아-

• 야간관광　夜間観光 야깡깡꼬-　　• 스키투어 スキーツアー 스키-츠아-

유용한 표현 ‖ 관광안내소

▼ 관광안내소는 어디에 있습니까?

강꼬-안나이쇼와 도꼬니 아리마스까
観光案内所は　どこに　ありますか。

▼ 시내지도를 부탁합니다.

시나이노 찌즈오 구다사이
市内の　地図を　ください。

▷ 이곳은 처음입니까?

고꼬와 하지메떼데스까
ここは　はじめてですか。

·············

▼ 예.

하이
はい。

▼ 축제에 가려고 하는데요.

오마쯔리니 이끼따인데스가
おまつりに　行きたいんですが。

▼ 일본영화를 보고 싶은데요.

니홍에-가오 미따인데스가

日本映画を 見たいんですが。

▼ 시내관광을 하고 싶은데요.

시나이깡꼬-오 시따이노데스

市内観光を したいのです。

▼ 시간은 어느 정도 있습니까?

지깡와 도노꾸라이 아리마스까

時間は どのくらい ありますか。

▼ 추천하실 장소는 있습니까?

오스스메노 바쇼와 아리마스까

おすすめの 場所は ありますか。

▶ 우에노 공원을 추천합니다.

우에노꼬-엥오 고스이센시마스

上野公園を ご推薦します。

▼ 어떤 코스가 있습니까?

돈나 코-스가 아리마스까
どんな　コースが　ありますか。

▶ 반나절관광, 하루관광 등이 있습니다.

한니찌깡꼬-이찌니찌깡꼬-나도가 아리마스
半日観光、一日観光などが　あります。

▼ 어디에서 출발합니까?

도꼬데 슙빠쯔시마스까
どこで　出発しますか。

▼ 가르쳐 주십시오. 지도를 보여주며

유비사시떼 구다사이
指さして　ください。

▼ 저것은 일본어로 뭐라고 합니까?

아레와 니홍고데 난또 이-마스까
あれは　日本語で　なんと　言いますか。

▼ 한국어로 된 것도 있습니까?

강꼬꾸고데 가까레따모노모 아리마스까

韓国語で　書かれたものも　ありますか。

▼ 팜플렛 있습니까?

팜후렛토와 아리마스까

パンフレットは　ありますか。

▼ 여기서 사진 찍어도 됩니까?

고꼬데 샤싱오 돋떼모 이-데스까

ここで　写真を　取っても　いいですか。

▶ 여기서는 촬영금지입니다.

고꼬데와 사쯔에-낀시데스

ここでは　撮影禁止です。

▼ 실례합니다, 셔터 좀 눌러주세요.

스미마셍가, 샷타-오 오시떼 구다사이

すみませんが、　シャッターを　押して　ください。

도움이 되는 **활용 어휘**

여행안내소	旅行案内所	료꼬-안나이죠
명소	名所	메-쇼
시내관광	市内観光	시나이깡꼬-
관광버스	観光バス	깡꼬-바스
관광가이드	観光ガイド	깡꼬-가이도
관광예약	観光予約	깡꼬-요야꾸
반나절관광	半日観光	한니찌깡꼬-
하루관광	一日観光	이찌니찌깡꼬-
야간관광	夜間観光	야깡깡꼬-
교통센터	交通センター	고-쭈-센타-
요금	料金	료-낑
궁전	宮殿	규-뎅
성	お城	오시로
유적	遺跡	이세끼
절	寺	떼라

관광

박물관	博物館 하꾸부쯔깡
미술관	美術館 비쥬쯔깡
동물원	動物園 도-부쯔엔
식물원	植物園 쇼꾸부쯔엔
도쿄디즈니랜드	東京ディズニーランド 도-꾜-디즈니-란도
유니버설스튜디오	ユニバーサルスタジオ 유니바-사루스타지오
고교 천황이 사는 곳	皇居 고-꾜
도쿄타워	東京タワー 도-꾜-타와-
도쿄돔	東京ドーム 도-꾜-도-무
공원	公園 고-엔
호수	湖 미즈우미
산	山 야마
강	川 가와
시내	市内 시나이
시외	市外 시가이

여 흥

일본의 문화를 즐길 수 있는 기회로는 歌舞伎 가부끼, 能 노, 文楽 분라꾸는 물론 쇼, 연극, 영화, 스포츠까지 다양하게 체험할 수 있다.
현지에서의 안내서는 호텔이나 관광안내소에서 구할 수 있고 우리와 달리 비정상적이거나 노골적인 성을 묘사한 책이나 비디오 등을 공공장소에서 쉽게 볼 수 있으며, 개방적인 성문화를 가지고 있다.

영화 · 연극 映画 · 演劇

일본은 대개 큰 빌딩 내에 여러 개의 소극장이 함께 있어 각각 다른 영화를 상영한다. 우리나라의 극장과는 달리 성인용(포르노) 부터 가족영화까지 여러 가지가 있으며 포르노 전용 소극장도 있다.

술 집 酒屋

● 아까쪼찡 赤提灯

일본식 선술집으로 입구에 빨간 초롱이 달려 있고, 가격이 싼 편이며 맥주·정종·위스키 등의 주류와 さしみ : 사시미 생선회나 焼き鳥り : 야끼또리 닭꼬치구이 를 비롯한 간단한 요리가 안주로 나온다.

• 비어홀 · 비어가든 ビーヤホール

호프집으로 적절한 가격에 생맥주와 간단한 요리를 즐길 수 있다. 여름철에는 번화가의 빌딩 옥상이나 길거리에 많이 생긴다.

• 이자까야 居酒屋

우리의 선술집과 같으며 안주 하나마다 가격이 있어 부담 없이 적당히 먹을 수 있다.

• 바 · 클럽 · 나이트클럽 バー クラブ ナイトクラブ

가격이 비싼 편이며, 게이샤나 호스티스들이 접대를 한다. 충분한 여유가 없다면 피하는 것이 좋다.

온천 温泉

온천 지역에는 개인용의 아담한 목욕시설부터 대형풀장과 정글 목욕탕, 자연 속에 꾸며진 노천온천까지 다양하다. 또한 온천 중에는 목욕뿐만 아니라 음료용으로 마시는 것도 있고 모래찜질로 입욕효과를 얻을 수도 있다.

숙박시설을 료칸 旅館 을 이용하면 온천을 충분히 느낄 수 있다.

파칭코 パチンコ · 게임센타 ゲームセンター

역전 번화가나 길거리에서 많이 보이는 것이 파칭코와 TV를 통한 게임센터이다. 둥근 쇠구슬을 넣고 하는 파칭코는 가벼운 도박으로 청소년이나 주부들 사이에 인기가 높다.

여흥

🐾 〉 자주 쓰이는 표현 _ 1 〈

- 좋은 카지노를 찾고 있습니다.

  이-   카지노오   사가시떼   이마스가
  いい **カジノ**を 探して いますが。

···▶ 제가 알고 있습니다.

  와따시가   싣떼   이마스요
  私が 知って いますよ。

바꿔 말하기

- 술집   飲み屋   노미야   • 디스코텍 ディスコテーク   디스코테-쿠
- 빠찡꼬 パチンコ屋 파칭코야   • 가라오케 カラオケ   카라오케

⟩ 자주 쓰이는 표현 _ 2 ⟨

■ 쇼는 언제 시작됩니까?

쇼-와 　　 이쯔 　 하지마리마스까
ショーは　いつ　はじまりますか。

┄┄▶ 10시에 시작됩니다.

쥬-지니 　 하지마리마스
10時に　はじまります。

바꿔 말하기

• 영화	映画	에-가		• 스모	相撲	스모-
• 가부키	かぶき	가부끼		• 야구	野球	야뀨-

유용한 표현 ‖ 입장

▼ 예약이 필요합니까?

요야꾸가 히쯔요-데스까

予約が　必要ですか。

▼ 입장료는 얼마입니까?

뉴-죠-료-와 이꾸라데스까

入場料は　いくらですか。

▼ 팜플렛 있습니까?

팜후렛토와 아리마스까

パンフレットは　ありますか。

▼ 어른표 2장 주세요.

오또나 니마이 구다사이

大人　2枚　ください。

▼ 무대 근처의 자리를 부탁합니다.

스테-지또 찌까이 세끼오 오네가이시마스

ステージと　近い　席を　お願いします。

▼ 좌석까지 안내해 주시겠습니까?

세끼마데 안나이시떼 구다사이

席まで　案内して　ください。

▼ 이 호텔에 카지노가 있습니까?

고노 호테루니 카지노와 아리마스까

この　ホテルに　カジノは　ありますか。

▼ 키노를 함께 해도 괜찮습니까?

키-노니 가왇떼 이-데스까

キーノに　加わって　いいですか。

▼ 이 근처에 빠찡코가 있습니까?

고노 찌까꾸니 파칭코와 아리마스까

この　近くに　パチンコは　ありますか。

▼ 구슬은 어디에서 바꿉니까?

다마와 도꼬데 가에룬데스까

玉は　どこで　換えるんですか。

▶ 무엇을 마시겠습니까?

나니오 오노미니 나리마스까

何を お飲みに なりますか。

▼ 일본술을 한 병 주십시오.

니혼슈오 입뽕 구다사이

日本酒を 1本 ください。

▶ 안주는 어떻게 할까요?

오쯔마미와 도–이따시마쇼–까

おつまみは どういたしましょうか。

▼ 생선회를 주십시오.

사시미오 구다사이

さしみを ください。

▼ 메뉴를 주십시오.

메뉴, 구다사이

メニュー、ください。

▼ 개인접시 좀 주십시오.

도리자라, 구다사이
取り皿、ください。

▼ 식사도 됩니까?

쇼꾸지모 데끼마스까
食事も できますか。

▼ 추천 안주는 무엇입니까?

오스스메노 쯔마미와 난데스까
お勧めの つまみは なんですか。

▼ 찬 물 좀 주십시오.

히야미즈 오네가이시마스
冷や水 お願いします。

▼ 저와 춤을 추시겠습니까?

와따시또 오도리마스까
私と 踊りますか。

도움이 되는 **활용 어휘**

영화	**映画** 에-가
영화관	**映画館** 에-가깡
뮤지컬	**ミュージカル** 뮤-지카루
콘서트	**コンサート** 콘사-토
오케스트라	**オーケストラ** 오-케스토라
오페라	**オペラ** 오페라
야구	**野球** 야뀨-
야구장	**野球場** 야뀨-죠-
스모	**相撲** 스모-
바	**バー** 바-
나이트클럽	**ナイトクラブ** 나이토쿠라부
디스코 disco	**ディスコ** 디스코
가라오케	**からオケ** 카라오케
빠찡코	**パチンコ屋** 파칭코야
카지노	**カジノ** 카지노
이자까야 일반선술집	**居酒屋** 이자까야

여흥

스낵바	スナック	스낙쿠
호프집	ビヤホール	비야호-루
와인바	ワインバー	와인바-
PC방 internet cafe	インターネット カフェー	인타-넷토 카훼-
쇼 Show	ショー	쇼-
게이샤	芸者	게-샤
무대	ぶたい	부따이
파트너	パートナー	파-토나-
매진	売り切れ	우리끼레
표	切符	깁뿌
입장권	入場券	뉴-죠-껭
입장료	入場料	뉴-죠-료-
지정석	指定席	시떼-세끼
입석	立ち見席	다찌미세끼
좌석	座席	자세끼

도움이 되는 **활용 어휘**

술	**お酒** 오사께
일본술	**日本酒** 니혼슈
맥주	**ビール** 비-루
생맥주	**生ビール** 나마비-루
흑맥주	**黒ビール** 구로비-루
캔맥주	**かんビール** 칸비-루
소주	**焼酒** 쇼-쮸-
와인	**ワイン** 와인
하이볼	**ハイボール** 하이보-루
진	**ジン** 진
칵테일	**カクテル** 카쿠테루
샴페인	**シャンペン** 샴펭
꼬냑	**コニャック** 코sir쿠
럼	**ラム** 라무
감주	**甘酒** 아마자께

기본안주	つきだし 쯔끼다시
(마른)안주	おつまみ 오쯔마미
참치회	まぐろさしみ 마구로사시미
닭꼬치	焼き鳥 야끼도리
감자튀김	ポテト 포테토
새우튀김	えびフライ 에비후라이
일본식 절임 야채	つけもの 쯔께모노
주먹밥	おにぎり 오니기리
버터옥수수	コーンバター 콘-바타-
삶은 콩	枝豆 에다마메
구운 생선	焼き魚 야끼자까나
후라이드치킨	鶏の 唐揚げ 도리노 가라아게
히야약코(찬두부)	冷奴 히야약꼬
샐러드	サラダ 사라다
계란말이부침	玉子焼き 다마고야끼

전화

일본에서 한국으로의 전화는 국제통화겸용 공중전화나 핸드폰을 이용
하여 걸 수 있다. 물론 호텔내에서도 가능하나 가격이 비싼편이다.
공항에서 핸드폰 자동로밍 미리 신청이나 임대 바로 가능 를 할 수 있으며,
유심(uSIM)이나 이심(eSIM)을 미리 준비해 사용할 수 도 있다.

🐸 국제자동전화

일본에서 한국으로 전화할 때 핸드폰이나 국제통화겸용 공중전
화, 호텔내 전화로 직접 한국으로 전화하는 방법이다.

국제전화코드 ➡ 국가번호 82 ➡ 10 ➡ 전화번호

➡ 국내지역번호

> ※ 일본에서 한국 서울의 1234-5678로 걸 때
> <u>001</u> + <u>82</u> + <u>2</u> + <u>1234-5678</u>
> ※ 국제전화접속코드   한국   서울   전화번호
>   ▷▶ 국내 지역 국번의 '0'은 사용하지 않음 예) 서울 : 02 → 2
>
> ※ 일본에서 한국 핸드폰 1234-5678로 걸 때
> <u>001</u> + <u>82</u> + 10 + <u>1234-5678</u>
> ※ 국제전화접속코드   한국   통신사   핸드폰번호
>   ▷▶ 통신사 번호의 '0'은 사용하지 않음

🐼 일본 로밍 · WiFi이용하기

● 일본에서 자동로밍 이용하기

통신사 앱이나 웹사이트를 통해 사용할 수 있는 로밍 요금제를 하고 데이터/음성/문자 요금제를 선택할 수 있다.

무제한 요금제: 일부 통신사는 하루 단위로 무제한 데이터를 제공하는 요금제도 있으니 필요에 맞게 선택합니다.

데이터 패스: 일정 데이터량을 구매하는 방식의 데이터 패스를 선택할 수 있습니다..

● 일본에서 WiFi(와이파이) 이용하기

공공 무료 와이파이(WiFi)가 일반적인 공공장소, 공항 및 기차, 카페 및 레스토랑, 편의점 등에서 제공되므로, SSID를 선택한 후, 웹 브라우저를 통해 로그인 페이지에 접속하여 간단한 인증 절차를 거쳐 사용할 수 있다.

🐼 eSIM · uSIM 이용하기

국내 공항 및 통신사 또는 일본내 공항이나 통신사 등에서 데이터 전용 SIM 또는 eSIM을 구매하여 스마트폰에 삽입하면, 데이터 통신을 통해 인터넷에 접속할 수 있다.

이 경우, 현지 통신사의 4G/5G 네트워크를 통해 안정적인 인터넷 연결을 이용할 수 있다.

전화

 자주 쓰이는 표현 _ 1

■ <u>김선생님</u> 부탁합니다.

　김상오　　　　　오네가이시마스
　金さんを　**お願いします。**

- -

⋯▶ 잠시만 기다려 주세요.

　쇼–쇼–　　오마찌꾸다사이
　少々　お待ちください。

바꿔 말하기

- 이선생님　李さん　이상
- 다나까씨　田中さん　다나까상
- 기무라씨　木村さん　기무라상
- 후꾸다씨　福田さん　후꾸다상

⟩ 자주 쓰이는 표현 _ 2 ⟨

■ 국제전화를 신청하고 싶습니다.

곡사이뎅와오　　　　모-시꼬미따인데스

国際電話を　申し込みたいんです。

···▶ 전화번호를 말씀해 주십시오.

뎅와방고-오　　　도-조

電話番号を　どうぞ。

바꿔 말하기

• 번호통화 番号通話 방고-쯔-와　　• 시외통화 市外通話 시가이쯔-와
• 콜렉트콜 コレクトコール 코레쿠토코-루

▼ 국제전화 거는 법을 가르쳐주십시오.

　곡사이뎅와노 가께까따오 오시에떼 구다사이
　国際電話の かけかたを おしえて ください。

▼ 국제전화가 가능한 전화는 어느 것입니까?

　곡사이뎅와노 데끼루 고–슈–뎅와와 도레데스까
　国際電話の できる 公衆電話は どれですか。

▼ 콜렉트콜로 부탁합니다.

　코레쿠토코–루데 오네가이시마스
　コレクトコールで お願いします。

▼ 한국의 서울로 전화하고 싶습니다.

　강꼬꾸노 소우루니 뎅와오 가께따인데스
　韓国の ソウルに 電話を かけたいんです。

▶ 전화번호를 말씀해 주십시오.

　뎅와방고–오 오네가이시마스
　電話番号を お願いします。

▼ 서울의 123-4567입니다.

소우루노 이찌니산노 용고로꾸나나데스
ソウルの 123-4567です。

▶ 어느 분과 통화하시겠습니까?

도나따또 오하나시니 나리따인데스까
どなたと お話しに なりたいんですか。

▼ 누구라도 괜찮습니다.

다레데모 이-데스
だれでも いいです。

▼ 김하나씨를 바꿔주십시오.

김하나상오 오네가이시마스
キムハナさんを お願いします。

▶ 번호가 틀립니다.

방고-가 찌가이마스
番号が 違います。

▼ 이 근처에 공중전화가 있습니까?

고노 찌까꾸니 고–슈–뎅와와 아리마스까
この 近くに 公衆電話は ありますか。

▼ 전화카드는 어디에서 팝니까?

뎅와카–도와 도꼬데 웃떼 이마스까
電話カードは どこで 売って いますか。

▼ 시내기본통화료는 얼마입니까?

시나이노 기혼쯔–와료–와 이꾸라데스까
市内の 基本通話料は いくらですか。

▼ 여보세요, 하나꼬씨입니까?

모시모시, 하나꼬산데스까
もしもし、花子さんですか。

▼ 하나꼬씨를 바꿔주십시오.

하나꼬상오 오네가이시마스
花子さんを お願いします。

▼ 언제 돌아옵니까?

이쯔 가에리마스까

いつ 帰りますか。

▼ 나중에 다시 걸겠습니다.

아또데 마따 뎅와시마스

あとで また 電話します。

▼ 그러면 김이라고 전해주세요.

데와, 김또 쯔따에떼 구다사이

では、 キムと 伝えて ください。

▼ 전화가 왔었다고 전해 주십시오.

뎅와가 앝따또 오쯔따에꾸다사이

電話が あったと お伝えください。

도움이 되는 **활용 어휘**

시내통화	**市内通話** 시나이쯔-와
전화박스	**電話ボックス** 뎅와복쿠스
공중전화	**公衆電話** 고-슈-뎅와
번호가 틀림	**番号違い** 방고-찌가이
전화번호	**電話番号** 뎅와방고-
국제전화	**国際電話** 곡사이뎅와
국가번호	**国の 番号** 구니노 방고-
시외지역번호	**市外局番** 시가이꾜꾸방
개인지정전화	**個人指定電話** 고진시떼-뎅와
번호통화	**番号通話** 방고-쯔-와
전화료	**電話料** 뎅와료-
콜렉트콜통화	**コレクトコール** 코레쿠토코-루
통화중	**通話中** 쯔-와쮸-
부재중	**留守中** 루스쮸-

알아야 할 전화번호

주일한국대사관 東京　　03)3452-7611~9
　　　　　　　　　　03)3452-7617 긴급전화(휴일)
　　　　　　　　　　日本国　東京都 港区 南麻布 1-2-5

영사관
- 오사카　06)6213-1401~10　　• 삿포로　　011)621-0288~9
- 나고야　052)586-9221~6　　• 히로시마　082)502-1151~2

금융기관 서울02
- LG카드　1544-7200　　• 국민카드　1588-1788
- 삼성카드　1588-8900　　• BC카드　1588-4515
- 외환카드　1588-6700

분실물 문의 東京03
- 경찰분실물센타　3814-4151　　• 택시센터　　　　3648-0300
- JR분실물센타　　3231-1880　　• 지하철분실물센타　3834-5577

여행 정보 센타
- 도쿄 (03)3201-3331
- 나리타공항 제2여객터미널　(0476) 34-6251
　나리타공항 제1여객터미널　(0476) 30-3383
- 간사이공항 (0724)56-6025　• 교토 (075)371-5649

긴 급

물건을 분실·도난당하였거나 병이 나는 등의 사고시 바로 전화로
교환에게 연락하면 상황에 따라 경찰이나 병원 등으로 연결해 준다.
언어에 자신이 없는 사람은 가이드 또는 한국대사관이나 총영사관·
교민회 등 한국어가 통하는 곳에 연락하여 도움을 받도록 한다.
호텔에서 귀중품은 프론트데스크에 맡기고 방안에 있을 때는 잠금쇠
를 잠그도록 한다.

약국 藥屋

여행중 감기나 설사, 두통 등 증상이 가벼울 때는 くすり屋 구스리
야 를 이용하는데, 아스피린이나 비타민 같은 가벼운 약은 어디
서나 구입할 수 있으나 항생물질은 반드시 의사의 처방전이 있
어야만 살 수 있다.

병원 病院

여행중 병이 났을 때는 호텔이나 전화교환에게 부탁하여 병원에
가도록 하며 아픈 상태에 따라 전문의를 찾아간다. 사고를 당하
여 긴급한 상황에는 긴급의료서비스를 청한다.

🐼 화장실 トイレ

일본의 화장실은 대부분 무료화장실로 상점가나 빌딩 등의 구내에 대부분 있고 사정은 급한데 주위에 화장실이 보이지 않을 때는 근처에 있는 호텔, 공공기관, 은행, 백화점, 주유소, 패스트푸드점 등의 화장실을 무료로 사용하면 된다. 위생이나 치안은 우수한 편이다.

🐼 교통사고 交通事故

교통사고로 부상자가 발생했을 경우, 119번에 전화를 걸어 구급차로 병원에 옮긴다. 나중에 후유증이 있을 수도 있으니 반드시 병원에서 진단, 진찰을 받도록 한다.

사고를 당했을 경우 작은 사고라도 交番파출소 이나 警察署경찰서에 신고하여 보험 등 수속에 필요한 사고증명서를 받아둔다.

🐼 긴급전화 緊急電話

큰 교차로 가까운 곳에 파출소 등이 있어서 시민의 안전을 돌보고 있으며 우리와 같이 공중전화의 붉은 버튼을 누르고 110, 119를 누르면 동전이 없어도 통화가 가능하다.

●경찰 110	●화재·구급차 119

긴급사태

 ╲ 자주 쓰이는 표현 _ 1 ╱

> ■ 어디가 아픕니까?
>
>   도꼬가　와루이데스까
>   **どこが　悪いですか。**
>
> ┄┄┄┄┄┄┄┄┄┄┄┄┄┄┄┄┄┄┄┄┄┄┄┄┄
>
> ┈▶ 머리가 아픕니다.
>
>   아따마가　이따이데스
>   **頭が　痛いです。**

바꿔 말하기

- 배　　腹　하라
- 이　　歯　하
- 허리　腰　고시
- 목　　のど　노도

〉자주 쓰이는 표현_2〈

■ 열은 없습니까?

네쯔와　아리마셍까
熱は　ありませんか。

···▶ 아니요, 있습니다.

이-에,　　아리마스
いいえ、あります。

바꿔 말하기

• 알레르기　アレルギー 아레르기-　　• 기침　せき 세끼

▼ 어제부터 열이 납니다.

기노–까라 네쯔가 아리마스
きのうから　熱が　あります。

―――――――――――――――――――――

▼ 어지럽습니다.

메가 마와리마스
目が　まわります。

―――――――――――――――――――――

▼ 메스껍습니다.

무까무까시마스
むかむかします。

―――――――――――――――――――――

▼ 토합니다.

하끼께가 시마스
吐き気が　します。

―――――――――――――――――――――

▼ 설사를 합니다.

게리오 시떼 이마스
下痢を　して　います。

▼ 감기에 걸린 것 같습니다.

가제오 히-따미따이데스

風邪を ひいたみたいです。

▼ 소화가 안 됩니다.

쇼-까가 데끼마셍

消化が できません。

▼ 다쳤습니다.

게가오 시마시따

けがを しました。

▼ 왼쪽 발목을 삐었습니다.

히다리노 아시꾸비오 넨자시마시따

左の 足首を ねんざしました。

▼ 저는 고혈압입니다.

와따시와 고-께쯔아쯔데스

私は 高血圧です。

▼ 의사를 불러 주십시오.

오이샤상오 욘데 구다사이

お医者さんを 呼んで ください。

▼ 알레르기가 있습니다.

아레르기-가 아리마스

アレルギーが あります。

▼ 혈액형은 A형입니다.

게쯔에끼가따와 에-가따데스

血液型は A型です。

▼ 감기약을 주십시오.

가제꾸수리오 구다사이

かぜ薬を ください。

▼ 어느 정도면 나을까요?

도노꾸라이데 나오리마스까

どのくらいで なおりますか。

▼ 처방전을 주십시오.

쇼보-셍오 구다사이
処方箋を ください。

▶ [식후/식전]에 (약을) 드세요.

[쇼꾸고/쇼꾸젠]니 논데 구다사이
[食後/食前]に 飲んで ください。

▼ 여행을 계속해도 좋습니까?

료꼬-오 쯔즈께떼모 이-데스까
旅行を 続けても いいですか。

질병

분실
도난

긴급
사태

아플 때

아플때는 일본어 이외에 영어로도 그 의미를 알아두는 것이 좋다.
손가락으로 가리키며 의사표현을 해보자.

▷▶ _____ 가 많이 아픕니다.

+ ☐ My left ear 왼쪽 귀   Hurts a lot.
  ☐ My right leg 오른쪽 다리
  ☐ My arm 팔
  ☐ This part 여기
  ☐ _____ 기타

▷▶ 여기가 _____ 합니다.

+ This part is ☐ burning 화끈거리는
               ☐ splitting 쑤시는 듯한
               ☐ stinging 찌르는 듯이 아픈
               ☐ _____ 기타

+ I feel ☐ dizzy 현기증이 남
         ☐ chilly 한기가 들다
         ☐ nauseated 토할 것같음
         ☐ numb 나른함
         ☐ _____ 기타

〉 자주 쓰이는 표현 _ 1 〈

■ 무슨 일입니까?

난노　　고요-데스까

何の　ご用ですか。

┈┈▶ 지갑을 도둑맞았습니다.

사이후오　　누스마레마시따

さいふを　盗まれました。

바꿔 말하기

• 여권　パスポート　파스포-토
• 카메라　カメラ　　　카메라

• 가방　バック　박쿠
• 열쇠　かぎ　가기

긴급사태

자주 쓰이는 표현 _ 2

> ■ 어디서 잃어버렸습니까?
>
> 도꼬데　나꾸시마시따까
> **どこで　なくしましたか。**
>
> ┄┄┄┄┄┄┄┄┄┄┄┄┄┄┄┄┄┄┄┄
>
> ┄► 기차 안에서요.
>
> 기샤노　나까데데스
> **汽車の　中でです。**

바꿔 말하기

• 버스	バス	바스	• 택시	タクシー	탁시-
• 전철	電車	덴샤	• 지하철	地下鉄	찌까떼쯔

〉자주 쓰이는 표현 _ 3 〈

■ (안에) 무엇이 들어있습니까?

나니가　하잇떼 이마스까

何が　入って　いますか。

┈▶ 여권이요.

파스포-토데스

パスポートです。

바꿔 말하기

• 귀금속　**貴金属**　기낀조꾸　• 소지품　**身の 回り品**　미노 마와리힝
• 돈　　　**お金**　　오까네
• 신용카드　**クレジットカード**　쿠레짇토카-도

▼ 불이야!

가지다
火事だ。

▼ 위험해!

아부나이
危ない。

▼ 도둑이야!

도로보-
泥棒。

▼ 도와줘요!

다스께떼(구다사이)
助けて(ください)。

▼ 열어주세요.

아께떼 구다사이
開けて　ください。

▼ 내 가방이 보이지 않습니다.

와따시노 가방가 미쯔까리마셍
わたしの かばんが 見つかりません。

▼ 길을 잃었습니다.

미찌니 마요이마시따
道に 迷いました。

▼ 여권을 도둑맞았습니다.

파스포-토오 누스마레마시따
パスポートを 盗まれました。

▼ 교통사고가 났습니다.

고-쯔-지꼬-가 오꼬리마시따
交通事故が 起りました。

▼ 사람이 다쳤습니다.

히또가 게가오 시마시따
人が けがを しました。

▼ 경찰을 불러주세요.

게-사쯔오 욘데 구다사이
警察を 呼んで ください。

▼ 한국어를 할 줄 아는 사람을 부탁합니다.

강꼬꾸고노 데끼루 히또오 오네가이시마스
韓国語の できる 人を お願いします。

▼ 한국대사관에 전화해 주세요.

강꼬꾸다이시깐니 뎅와시떼 구다사이
韓国大使館に 電話して ください。

▼ 구급차를 불러주세요.

규-규-샤오 욘데 구다사이
救急車を 呼んで ください。

▶ 발견한다면 어디로 보내드릴까요?

미쯔깐따라 도꼬니 오꾸레바 이-데스까
見つかったら どこに 送れば いいですか。

▼ 도쿄 힐튼호텔에 묵고 있습니다.

도-꾜-히루톤호테루니 도맏떼 이마스

東京ヒルトンホテルに 泊って います。

▼ 서울로 부탁합니다.

소우루에 오네가이시마스

ソウルへ お願いします。

▼ 분실증명서를 써 주세요.

훈시쯔또도께오 가이떼 구다사이

紛失届けを 書いて ください。

▼ 사고증명서를 써 주세요.

지꼬또도께오 가이떼 구다사이

事故届けを 書いて ください。

▼ 여권을 재발행해 주십시오.

파스포-토오 사이학꼬-시떼 구다사이

パスポートを 再発行して ください。

도움이 되는 **활용 어휘**

병원	病院 보-잉
약국	薬屋 구스리야
소화불량	消化不良 쇼-까후료-
변비	便秘 벰삐
설사	下痢 게리
천식	喘息 젠소꾸
진통제	痛みどめ 이따미도메
해열제	解熱剤 게네쯔자이
탈지면	脱脂綿 닷시멘
반창고	ばんそうこう 반소-꼬-
붕대	包帯 호-따이
주사	注射 쮸-샤
아스피린	アスピリン 아스피린
기침약	せき止め 세끼또메
소화제	消化剤 쇼-까자이

약국

생리통	生理痛 세-리쯔-
패드pad	パット 팟토
피임약	避妊薬 히닝야꾸
콘돔	コンドーム 콘도-무
안약	目薬 메구스리
연고	軟膏 낭꼬-
수면제	睡眠薬 스이밍야꾸
식후	食後 쇼꾸고
식전	食前 쇼꾸젱
변비약	便秘薬 벰삐꾸스리
감기약	風邪薬 가제꾸스리
비타민제	ビタミン剤 비타민자이
좌약	座薬 자야꾸
가그린	うがい薬 우가이꾸스리
두통약	頭痛薬 즈쯔-꾸스리

도움이 되는 **활용 어휘**

한국대사관	**韓国大使館**	강꼬꾸다이시깡
경찰서	**警察署**	게-사쯔쇼
경찰관	**警察官(お巡りさん)**	게-사쯔깡(오마와리상)
파출소	**交番**	고-방
도난	**盗難**	도-낭
유실물	**忘れ物**	와스레모노
도둑	**泥棒**	도로보-
지갑	**財布**	사이후
여행자수표	**トラベラーズチェック**	토라베라-즈첵쿠
여권	**パスポート**	파스포-토
귀금속	**貴金属**	기낀조꾸
수하물 예치증	**手荷物預り証**	데니모쯔아즈까리쇼-
분실증명서	**紛失届け**	훈시쯔또도께
발행증명서	**発行証明書**	학꼬-쇼-메-쇼
재발행	**再発行**	사이학꼬-

귀국

여행사의 단체관광이 아니라면 반드시 좌석을 미리 예약하고 확인하도록 한다. 재확인하지 않으면 예약이 취소될 수도 있다. 일본의 成田 나리타 공항은 출발 터미널이 2곳이므로 항공사의 출발 터미널을 반드시 확인한다.

오버 부킹

일본과 우리나라의 항공편은 인천·김포도쿄·김해·제주공항이다. 따라서 자신의 여행 마지막코스가 어디인지를 생각해서 일정을 조정하고 비행기 출발 2시간 전에 도착하도록 한다.

출국수속은 한국에서와 동일하며 일본 입국 때 작성했던 출입국신고서의 출국 부분을 제시한다. 분실했으면 새로 쓰면 된다.

부칠 짐이 있을 때는 체크인 카운터에 맡기고 수하물표를 받는다. 탑승수속이 끝나면 탑승권에 적혀있는 탑승 시간과 게이트를 확인 후, 비행기 출발 20~30분 전에 게이트 앞에 도착한다.

🐼 입국 수속

검역	⇨	입국심사	⇨	세관

🐼 여행자 휴대품 신고 안내

- **1인당 면세범위** 녹색
  1. 구입한 물품의 총 가격이 $600미만인 경우
  2. 주류 1병(1ℓ 이하, $400이하)
  3. 담배 200개비

     *단, 만19세 미만의 미성년자가 반입하는 주류 및 담배는 제외

  4. 향수 60㎖ 이하

- **자진신고 검사대** 백색
  면세 통과 해당 이외의 물품을 가진 사람

- **반입금지**
  1. 과일·육류 등 검역 물품
  2. 가짜상품
  3. 향정신성 의약품
  4. 위조·모조·변조 화폐
  5. 총포·도검류

▼ 예약을 재확인 하고 싶습니다.

요야꾸노 사이까꾸닝오 시따이노데스가

予約の 再確認を したいのですが。

예약
확인

귀국

▼ 이름은 김인랑입니다.

나마에와 김인랑데스

名前は 金仁郎です。

▼ 예약번호는 53번입니다.

요야꾸방고-와 고쥬-삼반데스

予約番号は 53番です。

▼ 좌석을 창가로 바꾸고 싶습니다.

자세끼오 마도가와니 가에따인데스가

座席を 窓側に かえたいんですが。

▼ 체크인 시간은 몇 시입니까?

첵쿠인노 지깡와 난지데스까

チェックインの 時間は 何時ですか。

▼ [취소/웨이팅] 해 주십시오.

　[도리께시/웨이팅구] 시떼 구다사이
　[取り消し/ウェイティング]して　ください。

▼ 이 항공기는 어느 터미널입니까?

　고노 히꼬-끼와 도노 타-미나루데스까
　この　飛行機は　どの　ターミナルですか。

▼ 공항면세점은 어디에 있습니까?

　구-꼬-노 멘제-뗑와 도꼬니 아리마스까
　空港の　免税店は　どこに　ありますか。

▼ 공항 가는 버스는 몇 시에 있습니까?

　구-꼬-유끼노 바스와 난지니 아리마스까
　空港行きの　バスは　何時に　ありますか。

▼ 이것은 공항에 갑니까?

　고레와 구-꼬-에 이끼마스까
　これは　空港へ　行きますか。

도움이 되는 **활용 어휘**

일본항공	**日本航空** 니홍꼬-꾸-
대한항공	**大韓航空** 다이깡꼬-꾸-
아시아나항공	**アシアナ航空** 아시아나꼬-꾸-
노스웨스트 항공	**ノースウェスト** 노-스웨스토
확인	**確認** 가꾸닝
체크인	**チェックイン** 첵쿠인
게이트	**ゲート** 게=토
탑승권	**搭乗券** 도-죠-껭
탑승수속	**搭乗手続き** 도-죠-떼쯔즈끼
탑승안내	**搭乗案内** 도-죠-안나이
세관검사	**税関検査** 제-깐껭사
출국검사	**出国手続き** 슉꼬꾸떼쯔즈끼
출국카드	**出国カード** 슉꼬꾸카-도
웨이팅	**ウェイティング** 웨이팅구
취소	**取り消し** 도리께시
연기	**延期** 엥끼

부록

일본어카드
도움되는 한 · 일단어

환전할 때

일본어를 몰라도 이 카드를 이용하면 환전할 수 있습니다.

▷▶ これを 円に かえて ください。

이 돈을 엔으로 바꿔주십시오.

□ 紙幣 しへい   1 万円 일만엔   _____ 枚 장

5千円 오천엔   _____ 枚 장

2千円 이천엔   _____ 枚 장

1 円 천엔   _____ 枚 장

□ コイン   5百円 오백엔   _____ 玉 개

1 円 백엔   _____ 玉 개

10 円 십엔   _____ 玉 개

合計 합계 : _____ 円

승차권구입

매표소에서 아래를 작성하여 보여
주십시오.

▷▶ _____行きを ください。
　　　　　　　　_____행을 주십시오.

□ _____線 _____駅から _____駅まで
　　　　　선 　　　　역에서 　　　　역까지

□ **大人** _____枚　□ **子共** _____枚
　어른 _____장　　아이 _____장(6~11세)

□ **往復** 왕복　　　　□ **片道** 편도

□ **日** 날짜
　1 _____月　　　　_____日　　_____時 ___分
　2 _____月　　　　_____日　　_____時 ___分

□ **喫煙席** 흡연석　□ **禁煙席** 금연석　□ **寝台車** 침대차
□ **グリーン車** 특실　□ **普通車** 일반실

▷▶ **料金を 書いて ください。**
　　　　　요금을 써 주십시오.

合計 합계 : _____ 円

환전 할때
승차권 구입
분실 도난시
아플때
처방
출입국 신고서
부록

분실·도난시

아래 사항에 ✔해서 접수처에 제시
하십시오.

▷▶ _____를 잃어버렸습니다.

☐ パスポート 여권
☐ トラベラーズチェック 여행자수표
☐ カメラ 카메라
☐ さいふ 지갑
☐ クレジットカード 신용카드
☐ かばん 가방
☐ 航空券 항공권
☐ _____ 기타

を 忘れました。

▷▶ _____에서 도난당했습니다.

☐ バスの 中 버스 안
☐ 地下鉄 지하철
☐ 列車 기차
☐ 駅 역
☐ 食堂 식당
☐ トイレ 화장실
☐ 道 길
☐ _____ 기타

で 盗まれました。

분실 · 도난시

▷▶ _____에 연락해 주십시오.

	に 連絡してください。
☐ 警察署 경찰서	
☐ 韓国大使館 한국대사관	
☐ この番号 이 번호로	

☎ : _____
(미리 연락할 곳을 적어놓자)

▷▶ _____를 써 주십시오.

	を 書いて ください。
☐ 紛失証明書 분실증명서	
☐ 事故証明書 사고증명서	
☐ _____ 기타	

▷▶ _____를 재발행해 주십시오.

	を 再発行して ください。
☐ トラベラーズチェック 여행자수표	
☐ パスポート 여권	
☐ クレジットカード 신용카드	
☐ _____ 기타	

아플 때

병원에서 아래 사항에 ✔해서 접수처에 제시하십시오.

個人記録 신상기록

- **名前** 이름 : _____ 한자로
- **年齡** 연령 : _____
- **性** 성별 : □ **男** 남자   □ **女** 여자
- **国籍** 국적 : **韓国人** 한국인
- **血液型** 혈액형 : _____
- **保険証書番号** 보험증서번호 : _____
- **保険会社** 가입 보험회사 : _____

▷▶ _____가 아픕니다.

□ **頭** 머리	**が 痛いです.**
□ **腹** 배	
□ **歯** 이빨	
□ **喉** 목구멍	

▷▶ 여기가 _____ 합니다.

□ **めまい** 현기증	**(が) します.**
□ **寒気** 한기가 들다	
□ **吐き気** 토할 것 같음	
□ _____ 기타	

▷▶ **最近 手術を 受けましたか。**
최근에 수술을 받은 적이 있습니까?
  □ はい 네   □ いいえ 아니오

▷▶ _____부터 몸이 좋지 않습니다.

  □ 今朝 오늘 아침   から 痛いです。
  □ 昨日 어제
  □ おととい 그저께
  □ 三日前 3일 전
  □ _____

▷▶ 旅行を 続けても いいですか。
  여행을 계속 해도 좋습니까?
  □ はい 네   □ いいえ 아니오

▷▶ 保険金の 申し込みのため 診断書 または 計算
書か 領収証を お願いします。
보험금청구를 위해 진단서, 청구서, 혹은 영수증작성을 부탁드립니다.

▷▶ _____ 다시 오십시오.

□ あした 내일 _____ 時 에 おいで ください。
□ 3 日後 3일 후
□ _____

▷▶ _____일간 안정을 취해 주십시오.

□ 1 日間 하루동안   休んで ください。
□ 3 日間 3일간
□ 1 週間 일주일간
□ _____

▷▶ 약을 식사 전(후)에 _____씩 복용하십시오.

□ 食後 식후   에 飲んで ください。
□ 食前 식전
□ 1 日に 3 回 하루에 3번
□ 1 日に _____回 하루에 ~번

1 氏名 漢字	성명 한자	**7** 旅券番号 Passport No.	여권번호
氏 Family Name	성	**8** 航空機便名 Flight No.	항공기 편명
名 Given Name	이름	**9** 日本滞在予定期間	일본체류예정기간
2 国籍 Nationality	국적		
3 生年月日 Date of birth	생년월일	**10** 乗機地 Port of Embarkation	비행기 탑승지
4 住所 Home address	집주소	**11** 渡航目的 Purpose of visit	방문목적
5 職業 Occupation	직업		
6 日本の 連絡先	일본내 연락처		

도움되는
한일어휘

한국어	일어	
	ㄱ	
가격	価格	가까꾸
가격표	値札	네후다
가깝다	近い	찌까이
가늘다	細い	세마이
가다	行く	이꾸
가득히	いっぱいに	입빠이니
가라오케	カラオケ	가라오케
가렵다	かゆい	가유이
가로	横	요꼬
가르치다	教える	오시에루
가방	かばん	가방
가볍다	軽い	가루이
가이드	ガイド	guide 가이도

가죽	皮	가와
가짜	偽物	니세모노
가치	値うち	네우찌
간	レバー	liver 레바
간식	おやつ	오야쯔
간호원	看護婦	강고후
갈비	焼き肉	야끼니꾸
갈색	茶色	짜이로
갈아타다	乗り換える	노리까에루
감기	風邪	가제
감자	ポテト	potato 포테토
값	値段	네당
강	川	가와
강하다	強い	쯔요이
같다	同じだ	오나지다
같다	等しい	히또시-
개인	個人	고징
개찰구	改札口	가이사쯔구찌

거리	**通り** 도-리	
거스름돈	**お釣り** 오쯔리	
거울	**鏡** 가가미	
거의	**ほとんど** 호똔도	
거절하다	**断る** 고또와루	
거주자	**居住者** 교쥬-샤	
거짓말	**うそ** 우소	
건강	**健康** 겡꼬-	
건널목	**踏切** 후미끼리	
건물	**建物** 다떼모노	
건조하다	**乾燥した** 간소-시따	
걷다	**歩く** 아루꾸	
검역소	**検疫所** 겡에끼쇼	
검다	**黒/黒い** 구로/구로이	
게이트	**ゲート** gate 게-토	
겨울	**冬** 후유	
겨자	**からし** 가라시	
결정	**決定** 겟떼-	
결혼	**結婚** 겟꽁	

경마	**競馬** 게-바	
경찰관	**警察官** 게-사쯔깡	
경찰서	**警察署** 게-사쯔쇼	
경치	**景色** 게시끼	
계산하다	**計算する** 게-산스루	
계약(서)	**契約(書)** 게-야꾸(쇼)	
고기	**肉** 니꾸	
고려하다	**考慮する** 고-료스루	
고속도로	**高速道路** 고-소꾸도-로	
고장중	**故障中** 고쇼-쮸-	
고층빌딩	**高層ビル** 고-소-비루	
고향	**ふるさと** 후루사또	
곧다	**まっすぐだ** 맛스구다	
골동품	**骨董品** 곧또-힝	
골프	**ゴルフ** golf 고루후	
공무원	**役人** 야꾸닝	
공부하다	**勉強する** 벵꾜-스루	
공손하다	**丁寧だ** 데-네-다	
공연	**公演** 고-엥	

공원	**公園** 고-엥		국내	**国内** 고꾸나이
공항	**空港** 구-꼬-		국적	**国籍** 고꾸세끼
과로	**過労** 가로-		국제	**国際** 고꾸사이
과세	**課税** 가제-		굴	**貝** 가끼
과일	**果物** 구다모노		굴뚝	**煙突** 엔또쯔
과자	**お菓子** 오까시		굽다	**焼く** 야꾸
관광	**観光** 강꼬-		굽다	**曲がる** 마가루
관광버스	**観光バス** 강꼬-바스		궁전	**宮殿** 규-뎅
관세	**関税** 간제-		귀	**耳** 미미
광장	**広場** 히로바		귀걸이	**イヤリング** 이야링구
교외	**郊外** 고-가이		귀중품	**貴重品** 기쪼-힝
교차점	**交差点** 고-사뗑		규칙	**規則** 기소꾸
교환원	**オペレーター** 오페레-타-		그램	**グラム** gram 구라무
교환하다	**取り換える** 도리까에루		그리다	**描く** 에가꾸
교회	**教会** 교-까이		그림	**絵** 에
구급차	**救急車** 규-뀨-샤		그림엽서	**絵はがき** 에하가끼
구두	**靴** 구쯔		그림책	**絵本** 에홍
구멍	**穴** 아나		극장	**劇場** 게끼죠-
구입하다	**購入する** 고-뉴-스루		금	**金** 깅

금발	金髪 깅빠쯔
금지하다	禁止する 긴시스루
기념비	記念碑 기넹히
기념일	記念日 기넹비
기다리다	待つ 마쯔
기대하다	期待する 기따이스루
기도하다	祈る 이노루
기분	気持ち 기모찌
기쁘다	うれしい 우레시-
기숙사	寮 료-
기온	気温 기옹
기입하다	記入する 기뉴-스루
기침	せき 세끼
기혼	既婚 기꽁
기회	機会 기까이
기후	気候 기꼬-
길다	長い 나가이
긴급	緊急 깅뀨-
깃	えり 에리

깊다	深い 후까이
잠을 깨다	起きる 오끼루
깨닫다	悟る 사또루
꽃	花 하나
꽃집	花屋 하나야
끌다	引く 히꾸
끓이다	沸かす 와까스

ㄴ

나라	国 구니
나무	木 기
나쁘다	悪い 와루이
나이 먹다	年をとる 도시오 도루
낚시질	釣り 쯔리
날	日 히
날것	生 나마
날다	飛ぶ 도부
날씨	天気 뎅끼
날짜	日付 히즈께
남성	男 오또꼬

남기다	**残こす** 노꼬스	녹색	**緑いろ** 미도리이로
남쪽	**南** 미나미	놀다	**遊ぶ** 아소부
남편	**夫** 온또	누드쇼	**ヌードショー** 누-도쇼-
낮다	**低い** 히꾸이	높다	**高い** 다까이
냄비	**なべ** 나베	눈	**目** 메
내과의사	**内科医** 나이까이	눈	**雪** 유끼
내리다	**降りる** 오리루	눈축제	**雪祭り** 유끼마쯔리
내의	**下着** 시따기	늦다시간	**遅い** 오소이
냄새	**臭** 니오이		**ㄷ**
냅킨	**ナプキン** 납푸킨	다른	**他** 호까
냉수	**冷や水** 히야미즈	다르다	**違う** 찌가우
냉장고	**冷蔵庫** 레-조-꼬	다리	**足** 아시
넓다	**広い** 히로이	다리	**橋** 하시
넓히다	**広げる** 히로게루	다리미	**アイロン** 아이롱
네크리스	**ネックレス** 넥쿠레스	닦다	**拭く** 후꾸
넥타이	**ネクタイ** 넥쿠타이	단순하다	**単純だ** 단쥰다
노래하다	**歌う** 우따우	단추	**ボタン** button 보탄
노력	**努力** 도로꾸	닫다	**閉める** 시메루
노크하다	**ノックする** 녹쿠스루	달걀	**卵** 다마고

달다	甘い 아마이	돈	お金 오까네
닭고기	鶏 니와또리	돌아가다	帰る 가에루
담배	タバコ tabaco 타바코	돕다	助ける 다스께루
대단하다	大変だ 다이헨다	동물	動物 도-부쯔
대답하다	答える 고따에루	동전	コイン coin 코-인
대사관	大使館 다이시깡	동쪽	東 히가시
대접하다	ごちそうする 고찌소-스루	돼지고기	豚肉 부따니꾸
대학	大学 다이가꾸	두껍다	厚い 아쯔이
더럽다	汚い 기따나이	두다	置く 오꾸
덥다	暑い 아쯔이	두통	頭痛 즈쯔-
던지다	投げる 나게루	둥글다	丸い 마루이
도기	陶器 도-끼	드레스	ドレス dress 도레스
도둑	泥棒 도로보-	들어가다	入る 하이루
도서관	図書館 도쇼깡	등	背中 세나까
도움	助け 다스께	등산	登山 도장
도장	はんこ 항꼬	디스코	ディスコ disco 디스코
도착하다	到着する 도-쨔꾸스루	디자인	デザイン design 데자인
독자	読者 도꾸샤	디저트	デザート dessert 데자-토
독특하다	独特だ 도꾸또꾸다	따뜻하다	暖かい 아따따까이

땅	土地 도찌		말하다	話す 하나스	
때때로	時々 도끼도끼		맛	味 아지	
떨어뜨리다	落とす 오또스		맛있다	おいしい 오이시-	
라디오	ラジオ radio 라지오		맞다	合う 아우	
라이터	ライター 라이타-		매니큐어	マニキュア 마니큐아	
램프	ランプ lamp 람프		맥박	脈拍 마꾸하꾸	
로비	ロビー lobby 로비		맥주	ビール beer 비-루	
루즈	口紅 구찌베니		맵게	辛く 가라꾸	
루트	ルーツ root 루-츠		머리	頭 아따마	

ㅁ

			머플러	マフラ muffler 마후라	
마루	床 유까		먹다	食べる 다베루	
마시다	飲む 노무		멀다	遠い 도-이	
마약	麻薬 마야꾸		멋지다	すばらしい 스바라시-	
마요네즈	マヨネーズ 마요네-즈		메뉴	メニュー menu 메뉴-	
만나다	会う 아우		메시지	メッセージ message멧세-지	
만들다	作る 쯔꾸루		면도하다	ひげを そる 히게오 소루	
만족하다	満足する 만조꾸스루		면세	免税 멘제-	
만지다	触れる 후레루		명료하다	明らかだ 아끼라까다	
많음	たくさん 닥상		모든	すべて 스베떼	

모습	**姿** 스가따	문	**戸** 도
모양	**形** 가따찌	문방구점	**文房具屋戸** 봄보-구야
모으다	**集める** 아쯔메루	문제	**問題** 몬다이
모자	**帽子** 보-시	문화	**文化** 붕까
모텔	**モテル** motel 모테루	묻다	**尋ねる** 다즈네루
모포	**毛布** 모-후	물	**水** 미즈
모피	**毛皮** 게가와	물품	**品物** 시나모노
목	**首** 구비	뮤지컬	**ミュージカル** 유-지카루
목구멍	**喉** 노도	미국	**アメリカ** 아메리카
목격자	**目撃者** 목게끼샤	미술관	**美術館** 비쥬쯔깡
목적지	**目的地** 목떼끼찌	미용실	**美容院** 비요-잉
몸	**体** 가라다	민예품	**民芸品** 밍게-힝
묘지	**墓地** 보찌	밀다	**押す** 오스
무겁다	**重い** 오모이		**ㅂ**
무게	**重さ** 오모사	박물관	**博物館** 하꾸부쯔깡
무대	**舞台** 부따이	바닥	**底** 소꼬
무릎	**ひざ** 히자	바람	**風** 가제
무엇	**何** 나니	바쁘다	**忙しい** 이소가시-
문	**門** 몽	바지	**ズボン** jupon 즈봉

박물관	**博物館** 하꾸부쯔깡	배달	**配達** 하이따쯔
반	**半分** 함붕	배송	**配送** 하이소-
반대	**反対** 한따이	백화점	**デパート** 데파-토
반바지	**パンツ** pants 판츠	버스	**バス** bus 바스
반복하다	**繰り返す** 구리까에스	버터	**バター** butter 바타-
반지	**指輪** 유비와	번호	**番号** 방고-
반환하다	**返還する** 헹깐스루	번화가	**繁華街** 항까가이
받다	**受け取る** 우께또루	벌레	**虫** 무시
발	**足** 아시	벗다	**脱ぐ** 누구
발레	**バレー** ballet 바레-	베개	**枕** 마꾸라
발코니	**バルコニー** 바루코니-	베이컨	**ベーコン** 베-콘
발행하다	**発行する** 학꼬-스루	벤치	**ベンチ** bench 벤치
밝다	**明るい** 아까루이	벨트	**ベルト** belt 베루토
밤	**夜** 요루	벽	**壁** 가베
방	**部屋** 헤야	변비	**便秘** 벰삐
방향	**方向** 호-꼬-	별	**星** 호시
배	**腹** 하라	병	**瓶** 빙
배	**船** 후네	병病	**病気** 보-끼
배경	**背景** 하이께-	병원	**病院** 보-잉

보기 흉하다	みにくい 미니꾸이	부자	金持ち 가네모찌
보내다	送る 오꾸루	부츠	ブーツ boots 부-츠
보다	見る 미루	북극	北極 혹꾜꾸
보도	歩道 호도-	북쪽	北 기따
보석	宝石 호-세끼	분수	噴水 훈스이
보여주다	見せる 미세루	분야	分野 붕야
보증하다	保証する 호쇼-스루	분위기	雰囲気 훙이끼
보통	普通 후쭈-	분홍색	ピンク pink 핑쿠
보험	保険 호껭	불다	吹く 후꾸
보호	保護 호고	불편하다	不便だ 후벤다
복잡하다	複雑だ 후꾸자쯔다	붕대	包帯 호-따이
볼펜	ボールペン 보-루펜	브래지어	ブラジャー 브라쟈-
봄	春 하루	브랜디	ブランデー 브란데-
봉투	封筒 후-또-	브레이크	ブレーキ 브레-키
부끄럽다	恥ずかしい 하즈까시-	브로치	ブローチ 브로-치
부드러운	柔らかい 야와라까이	블라우스	ブラウス 브라우스
부르다	呼ぶ 요부	비누	せっけん 섹껭
부모 상대방	両親 료-싱	비상구	非常口 히죠-구찌
부인·아내	妻·家内 쯔마·가나이	비서	秘書 히쇼

비싼	高い 다까이
비용	費用 히요-
비자	ビザ 비자
비행기	飛行機 히꼬-끼
빈혈	貧血 힝께쯔
빌려주다	貸す 가스
빌리다	借りる 가리루
빗	くし 구시
빠르다	速い 하야이
빨강	赤 아까
빨리	速く 하야꾸
빵	パン 팡
빵집	パン屋 팡야

人

사건	事件 지껭
사고	事故 지꼬
사과	りんご 링고
사과하다	謝る 아야마루
사다	買う 가우

사무소	事務所 지무쇼
사용하다	使う 즈까우
사진	写真 샤싱
산	山 야마
살다	住む 스무
상세하다	詳しい 구와시-
상아	象牙 조-게
상의	上着 우와기
상인	商人 쇼-닝
상점	箱 하꼬
상처	けが 게가
상품	商品 쇼-힝
새	鳥 도리
새롭다	新しい 아따라시-
새우	えび 에비
색깔	色 이로
샌드위치	サンドウィッチ 산도윗치
샐러드	サラダ 사라다
샐러리맨	サラリーマン 사라리-망

생각하다	**思う** 오모우		설탕	**砂糖** 사또-
생략하다	**省く** 하부꾸		성城	**城** 시로
생일	**誕生日** 단죠-비		성공	**成功** 세-꼬-
생활	**生活** 세-까쯔		성냥	**マッチ** match 맛치
샤워	**シャワー** 샤와-		성별	**性別** 세-베쯔
샴페인	**シャンペン** 샴펜		성인	**大人** 오또나
샴푸	**シャンプー** 샴무-		세계	**世界** 세까이
서다	**立つ** 다쯔		세관	**税関** 제-깡
서명	**署名** 쇼메-		세우다	**建てる** 다떼루
서비스	**サービス** 사-비스		세탁	**クリーニング** 쿠리-닝구
서핑	**サーフィン** 사-횡		셀프서비스	**セルフサービス** 세루후사-비스
선금	**前金** 마에낑		셔츠	**シャツ** shirts 샤츠
선명하다	**鮮やかだ** 아자야까다		셔터	**シャッター** shutter 샷타-
선물	**お土産** 오미야게		소	**牛** 우시
선반	**棚** 다나		소개하다	**紹介する** 쇼-까이스루
선택하다	**選ぶ** 에라부		소금	**塩** 시오
설명	**説明** 세쯔메-		소매	**袖** 소데
설사	**げり** 게리		소매치기	**すり** 스리
설치	**設置** 셋찌		소방서	**消防署** 쇼-보-쇼

소스	ソース sauce 소−스	수수료	手数料 데스−료−
소시지	ソーセージ 소−세−지	수술	手術 슈쥬쯔
소파	ソファー 소화	수염	ひげ 히게
소포	小包 고즈쯔미	수영	水泳 스이에−
속달	速達 소꾸따쯔	수영복	水着 미즈기
속하다	属する 조꾸스루	수영장	プール pool 푸−루
손	手 데	수예품	手芸品 슈게−힝
손가락	指 유비	수족관	水族館 스이족깡
손님	客 갸꾸	수표	小切手 고긷떼
손목시계	腕時計 우데도께−	수프	スープ soup 스−프
손수건	ハンカチ 항카치	수화물	手荷物 데니모쯔
솔	ブラシ brush 브라시	숙녀	淑女 슈꾸죠−
소고기	牛肉 규−니꾸	슈트케이스	スーツケース 스−츠케−스
쇼	ショー show 쇼−	슈퍼마켓	スーパー 스−파−
쇼핑	買物 가이모노	스낵바	スナック 스낙쿠
숄더백	ショルダーバック 쇼루다−박쿠	스웨터	セーター 세−타−
수건	タオル 타오루	스위치	スイッチ 스잇치
수리	修理 슈−리	스윙	スイング 스잉구
수면	睡眠 스이밍	스카프	スカーフ 스카−후

스커트	**スカート** 스카-토	시장	**市場** 이찌바
스케이트	**スケート** 스케-토	시차	**時差** 지사
스키	**スキー** 스키-	시청	**市役所** 시야꾸쇼
스타디움	**スタジアム** 스타지아무	식기	**食器** 쇼끼
스타킹	**ストッキング** 스톡킹구	식당	**食堂** 쇼꾸도-
스테이크	**ステーキ** 스테-키	식료품	**食料品** 쇼꾸료-힝
스튜어디스	**スチュワーデス** 스츄와-데스	식료품점	**食料品店** 쇼꾸료-힌뗑
스트레스	**ストレス** 스토레스	식물원	**植物園** 쇼꾸부쯔엥
스파게티	**スパゲッティ** 스파겟티	식사	**食事** 쇼꾸지
스포츠	**スポーツ** 스포-츠	식중독	**食あたり** 쇼꾸아따리
슬프다	**悲しい** 가나시-	신고	**申告** 싱꼬꾸
승객	**乗客** 죠-꺄꾸	신랑	**新郎** 신로-
승마	**乗馬** 죠-바	신문	**新聞** 심붕
시	**市** 시	신분증명서	**身分證明書** 미분쇼-메-쇼
시각표	**時刻表** 시꼬꾸효-	신청	**申し込み** 모-시꼬미
시간	**時間** 지깡	신호기	**信号機** 싱고-끼
시계	**時計** 도께-	실천	**実践** 짓셍
시끄럽다	**うるさい** 우루사이	실크	**シルク** silk 시루쿠
시원하다	**涼しい** 스즈시-	실패	**失敗** 십빠이

심장	心臓	신조-
싱겁다	塩辛くない	시오까라꾸나이
싸다포장하다	包む	쯔쯔무
싸다	安い	야스이
쌀	米	고메
쓰다	書く	가꾸
쓰레기통	ゴミ箱	고미바꼬
쓰다	苦い	니가이
씻다	洗う	아라우

ㅇ

아는 사람	知り合い	시리아이
아마	たぶん	다붕
아버지	父	찌찌
아스피린	アスピリン	아스피린
아이스크림	アイスクリム	아이스쿠리무
아침식사	朝食	죠-쇼꾸
아프다	痛い	이따이
악수하다	握手する	아꾸슈스루
안경	眼鏡	메가네

안내	案内	안나이
안약	眼薬	메구스리
안전	安全	안젱
앉다	座る	스와루
알다	知る	시루
알레르기	アレルギー	아레루기-
알리다	知らせる	시라세루
암	癌	강
악세사리	アクセサリー	악세사리-
야구	野球	야큐-
야채	野菜	야사이
약	薬	구스리
약국	薬屋	구스리야
약속	約束	야꾸소꾸
약하다	弱い	요와이
얇다	薄い	우스이
양	量	료-
양말	靴下	구쯔시따
양배추	キャベツ	캬베츠

양복점	洋服屋 요-후꾸야	여행	旅行 료꼬-
양상추	レタス 레타스	여행사	旅行社 료꼬-샤
양파	玉ねぎ 다마네기	여행자	旅行者 료꼬-샤
어깨	肩 가따	여행자수표	トラベラズーチェック 토라베라-즈첵쿠
어둡다	暗い 구라이	여행하다	旅行する 료꼬-스루
어렵다	難しい 무즈까시-	역	駅 에끼
어린이	子供 고도모	역사적이다	歴史的だ 레끼시떼끼다
어머니	母 하하	연극	演劇 엥게끼
어휘	語彙 고이	연기하다	延期する 엥끼스루
언어	言語 겡고	연락	連絡 렌라꾸
얼굴	顔 가오	연장하다	延長する 엔쬬-스루
얼다	凍る 고오루	열	熱 네쯔
얼마입니까?	いくらですか 이꾸라데스까	열다	開ける 아께루
얼음	氷 고오리	열쇠	鍵 가기
에스컬레이터	エスカレーター 에스카레-타-	열차	列車 렛샤
엘리베이터	エレベーター 에레베-타-	엷다	薄い 우수이
여관	旅館 료깡	엽서	葉がき 하가끼
여권	パスポート 파스포-토	영사관	領事館 료-지깡
여성	女性 죠세-	영수증	レシート 레시-토

영향	影響 에-꾜-		외화	外貨 가이까
영화	映画 에-가		왼쪽	左 히다리
영화관	映画館 에-가깡		요금	料金 료-낑
옆	横 요꼬		요리	料理 료-리
예쁘다	きれいだ 기레-다		요일	曜日 요-비
예술	芸術 게-쥬쯔		요트	ヨット yacht 욧토
예약	予約 요야꾸		욕실	浴室 요꾸시쯔
예정	予定 요떼-		용기	勇気 유-끼
오래되다	古い 후루이		우체국	郵便局 유-빙꾜꾸
오렌지	オレンジー 오렌지-		우편	郵便 유-빙
오르다	登る 노보루		우표	切手 깃떼
오른쪽	右 미기		운동	運動 운도-
오버 코트	オーバーコート 오-바-코-토		운전	運転 운뗑
오페라	オペラ 오페라		웃다	笑う 와라우
온천	温泉 온셍		웨이터	ウェイター 웨이타-
올리다	上げる 아게루		웨이트리스	ウェイトレス 웨이토레스
옷	服 후꾸		위	胃 이
외국인	外国人 가이꼬꾸징		위대하다	偉だ 이다이다
외부	外部 가이부		위스키	ウィスキー 위스키-

위치	**位置** 이찌	이발	**理髪** 리하쯔
위험	**危険** 기껭	이발소	**床屋** 도꼬야
유람	**遊覧船** 유-랑셍	이빨	**歯** 하
유리컵	**グラス**glass 구라스	이쑤시개	**楊枝** 요-지
유명하다	**有名だ** 유메-다	이야기	**話** 하나시
유원지	**遊園地** 유-엔찌	이어폰	**イヤホーン** 이야홍
유적	**遺跡** 이세끼	이해하다	**理解する** 리까이스루
은	**銀** 깅	인상	**印象** 인쇼-
은행	**銀行** 깅꼬-	인형	**人形** 닝교-
은행원	**銀行員** 깅꼬-잉	일	**仕事** 시고또
음료	**飲み物** 노미모노	일방통행	**一方通行** 입뽀-쯔-꼬-
음악	**音楽** 옹가꾸	일어나다	**起きる** 오끼루
응원	**応援** 오-엥	일용품	**日用品** 니찌요-힝
의미	**意味** 이미	일주	**一周** 잇슈-
의사	**医者** 이샤	일출	**日の出** 히노데
의자	**椅子** 이스	읽다	**読む** 요무
이기다	**勝つ** 가쯔	입	**口** 구찌
이동하다	**移動する** 이도-스루	입구	**入り口** 이리구찌
이름	**名前** 나마에	입국	**入国** 뉴-꼬꾸

입다	着る 기루	재료	材料 자이료-
입장권	入場券 뉴-죠-껭	재즈	ジャズ jazz 쟈즈
ㅈ		잼	ジャム jam 쟈므
자동차	自動車 지도-샤	쟁반	盆 봉
자동판매기	自動販売機 지도-함바이끼	저녁식사	夕食 유-쇼꾸
자르다	切る 기루	적다	少ない 스꾸나이
자전거	自転車 지뗀샤	전시회	展示会 덴지까이
자장가	子守歌 고모리우따	전지	電池 덴찌
작다	小さい 찌-사이	전화	電話 뎅와
잔돈	小銭 고제니	전화번호부	電話帳 뎅와쵸-
잠옷	パジャマ 파쟈마	절약	節約 세쯔야꾸
잠자다	眠る 네무루	젊다	若い 와까이
잡다	取る 도루	점원	店員 뎅잉
잡지	雜誌 잣시	접시	皿 사라
장갑	手袋 데부꾸로	정류장	停留場 데-류-죠-
장난감	おもちゃ 오모쨔	정말이다	本当だ 혼또-다
장소	場所 바쇼	정문	正門 세-몽
재난	災難 사이낭	정상	頂上 쵸-죠-
재떨이	灰皿 하이자라	정식	定食 데-쇼꾸

초보여행자도 한번에 찾는다

정원	庭 니와	종이접시	紙皿 가미자라
정육점	肉屋 니꾸야	종이컵	紙コップcup 가미콥푸
정직하다	正直だ 쇼-지끼다	좋다	よい・いい 요이·이-
정차하다	停車する 데-샤스루	좌석	座席 자세끼
정치	政治 세-지	주	週 슈-
젖다	濡れる 누레루	주다	与える 아따에루
제안	提案 데-앙	주류	酒類 슈루이
제외하다	除く 노조구	주문	注文 쮸-몽
제한	制限 세-겡	주소	住所 쥬-쇼
조각	彫刻 쬬-꼬꾸	쥬스	ジュース 쥬-스
조금	少し 스꼬시	주차	駐車 쮸-샤
조깅	ジョギング jogging 죠깅구	준비	準備 쥼비
조미료	調味料 쬬-미료-	중국	中国 쮸-고꾸
조수	助手 죠슈	중세	中世 쮸-세-
조용하다	静かだ 시즈까다	중요하다	重要だ 쥬-요-다
조작	造作 소-사	즐기다	楽しむ 다노시무
조정	調整 쬬-세-	증명서	證明書 쇼-메-쇼
좁다	狭い 세마이	증상	症状 쇼-죠-
종류	種類 슈루이	지갑	財布 사이후

지구	**地球** 찌뀨-		집	**家** 이에	
지도	**地図** 찌즈		짙다	**濃い** 고이	
지름길	**近道** 찌까미찌		짜다	**塩辛い** 시오까라이	
지방	**地方** 찌호-		짧다	**短かい** 미지까이	
지배인	**支配人** 시하이닝			**ㅊ**	
지불하다	**支払う** 시하라우		차다	**冷たい** 쯔메따이	
지식	**知識** 찌시끼		찬성하다	**賛成する** 산세-스르	
지역	**地域** 찌이끼		창문	**窓** 마도	
지위	**地位** 찌이		찾다	**探す** 사가스	
지진	**地震** 지싱		책	**本** 홍	
지폐	**紙幣** 시헤-		천천히	**ゆっくり** 육꾸리	
지하	**地下** 찌까		철도	**鉄道** 데쯔도-	
직업	**職業** 쇼꾸교-		청결하다	**清潔だ** 세-께쯔다	
진실	**真実** 신지쯔		청구서	**請求書** 세-뀨-쇼	
진열	**陳列** 찐레쯔		청년	**青年** 세-넹	
진주	**パール** pearl 파-루		청량음료	**清涼飲料** 세-료-인료-	
진찰	**診察** 신사쯔		청소	**掃除** 소-지	
진통제	**鎮痛剤** 찐쯔-자이		초대	**招待** 쇼-따이	
질문	**質問** 시쯔몽		초콜렛	**チョコレート** 쵸코레-토	

최근	**最近** 사이낑	치즈	**チーズ** cheese 치-즈
최대	**最大** 사이다이	치통	**歯痛** 시쯔-
최소	**最小** 사이쇼-	친절	**親切** 신세쯔
최후	**最後** 사이고	침대	**寝台** 신다이
추가	**追加** 쯔이까	칫솔	**歯ブラシ** brush 하부라시
추억	**思い出** 오모이데		**ㅋ**
춥다	**寒い** 사무이	카드	**カード** card 카-도
축제	**祭** 마쯔리	카메라	**カメラ** camera 카메라
축하하다	**祝う** 이와우	카지노	**カジノ** casino 카지노
출구	**出口** 데구찌	카바레	**キャバレー** 캬바레-
출국카드	**出国カード** 슉꼬꾸카-도	커피	**コーヒー** coffee 코-히-
출발	**出発** 슙빠쯔	컵	**コップ** cup 콥푸
출입국	**出入国** 슈쯔뉴-꼬꾸	케이블카	**ケーブルカー** 케-부루카-
출장	**出張** 슛쬬-	케이크	**ケーキ** cake 케-키
춤	**踊り** 오도리	케첩	**ケチャップ** 케찹푸
충분하다	**十分だ** 쥬-분다	코	**鼻** 하나
취미	**趣味** 슈미	코드	**コード** code 코-도
취소	**取り消し** 도리께시	코트	**コート** coat 코-토
치료하다	**治療する** 찌료-스루	콘서트	**コンサート** 콘사-토

콜렉트콜	コレクトコール 코렉쿠토코-루	토마토	トマト 토마토
쾌적하다	快適だ 가이떼끼다	토스트	トースト 토-스토
크기	大きさ 오-끼사	토하다	吐く 하꾸
크레디트카드	クレジットカード 쿠레짓토카-도	통과	通過 쯔-까
크리스마스	クリスマス 쿠리스마스	통로	通路 쯔-로
크림	クリーム 쿠리-무	통화화폐	通貨 쯔-까
클래스	クラス 쿠라스	특별하다	特別だ 도꾸베쯔다
클럽	クラブclub 쿠라부	튼튼하다	丈夫だ 죠-부다
킬로	キロ 키로	티-셔츠	ティーシャツ 티-샤츠
타다	乗る 노루	티켓	チケット 치켓토
타월	タオル towel 타오루	팁	チップ tip 칩푸
탈것	乗り物 노리모노		**Ⅱ**
탑	タワー tower 타와-	파랗다	青い 아오이
탑승	搭乗 도-죠-	파이	パイ pie 파이
탑승권	搭乗券 도-죠-껭	파티	パーティー 파-티-
택시	タクシー taxi 탁시-	판매	販売 함바이
테안경	枠·緣 와꾸·후찌	팔꿈치	ひじ 히지
텐트	テント tent 텐토	팔다	売る 우루
텔레비전	テレビ television 테레비	팔찌	ブレスレット 부레스렏토

팜플렛	パンフレット 팜후렛토	피부	肌 하다
패션	ファッション 홧숀	피자	ピザ pizza 피자
퍼레이드	パレード 파레-도	피하다	避ける 사께루
퍼스트	ファースト first 화-스토	필기	筆記 힉끼
퍼즐	パズル 파즈루	필름	フィルム film 휘루무
편리하다	便利だ 벤리다	필요	必要 히쯔요-
포도주	ワイン 와인		**ㅎ**
포장하다	包装する 호-소-스루	하다	する 스루
포켓	ポケット 포켇토	하얗다	白い 시로이
포크	フォーク 휘-쿠	한가운데	まんなか 만나까
포함하다	含む 후꾸무	한국	韓国 강꼬꾸
풀	草 구사	할인	割り引 와리비끼
풍경	景色 게시끼	항공편	航空便 고-꾸-빙
프론트	フロント 후론토	항구	港 미나또
프로그래머	プログラマー 프로그라마-	해	年 도시
프로그램	プログラム 프로구라무	해안	海岸 가이강
피	血 찌	해열제	解熱剤 게네쯔자이
피로하다	疲れる 쯔까레루	핸드폰	携帯電話 게-따이뎅와
피망	ピーマン 피-망	햄	ハム ham 하무

행운	**幸せ** 시아와세		환율	**為替レート** 가와세레-토
향수	**香水** 고-스이		환전소	**両替所** 료-가에쇼
허가	**許可** 교까		회복	**回復** 가이후꾸
헤엄치다	**泳ぐ** 오요구		회사	**会社** 가이샤
헤어스타일	**ヘアスタイル** 헤아스타이루		회상하다	**思い出す** 오모이다스
현금	**現金** 겡낑		회색	**灰色** 하이이로
현기증	**目まい** 메마이		회의	**会議** 가이기
현지	**現地** 겐찌		회화	**会話** 가이와
혈압	**血圧** 게쯔아쯔		횡단보도	**横断歩道** 오-단호도-
호텔	**ホテル** 호테루		효과	**効果** 고-까
홍차	**紅茶** 고-쨔		훌륭하다	**立派だ** 립빠다
화면	**画面** 가멩		휴가	**休暇** 규-까
화사하다	**華やかだ** 하나야까다		휴게실	**休憩室** 규-께-시쯔
화산	**火山** 가장		휴식	**休み** 야스미
화상	**やけど** 야께도		휴양지	**休養地** 규-요-찌
화장실	**トイレ** toilet 토이레		휴일	**休日** 규-지쯔
화장품	**化粧品** 게쇼-힝		휴지	**トイレットペーパー** 토이렛토페-파-
화재	**火事** 가지		흐림	**曇り** 구모리
확인	**確認** 가꾸닝		흡연하다	**喫煙する** 기쯔엔스루

동인랑
왕초짜 여행시리즈

국반판

★ 처음 해외 여행을 떠나는 분들을 위한 **왕초짜 여행회화**
★ 해외 여행시 꼭 필요한 문장들만 수록 **우리말 발음**이 있어 편리!
★ 상황에 따라 쉽게 골라 쓰는 여행 회화
★ 도움되는 **활용어휘**, 한국어 · 외국어 **단어장**
★ 휴대하기 편한 포켓 사이즈

일 본 여 행 에 도 전 하 자
초간단 일본어 첫걸음 GO

· 이 책 한 권으로 첫걸음과 여행 일본어를 동시에!
· 발음 + 회화 + 문법 + 문화 + 연습문제
· 미카샘과 저자의 직강 MP3무료다운
· 여행에서 바로바로 쓰는 살아있는 대화문!
· 히라가나를 외우지 않고 바로 시작~

세계속의
언어를 만나실
수 있습니다.

일본여행 에 도전하자!

누구나 혼자서도
쉽고 재미
있게

여행 일본어회화?! 첫걸음?!
초간단 일본어 첫걸음 GO는?

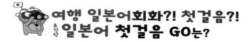

✓ 이 책 한권으로 첫걸음과 여행일본어를 동시에

✓ 발음 + 회화 + 문법 + 문화 + 연습문제
원어민이 녹음한 mp3 무료다운

✓ 일본어 글씨본 합본부록
히라가나를 외우지 않고 시작~ 학습이 끝나면 저절로 외워지게 구성

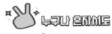

저자 김인숙
발행일 2025년 2월 5일   발행인 김인숙   발행처 (주)동인랑
Printing 삼덕정판사

01803
서울시 노원구 공릉동 653-5
대표전화 02-967-0700   팩시밀리 02-967-1555   출판등록 제 6-0406호

©2025, Donginrang. Co., Ltd.
ISBN 978-89-7582-682-5

 인터넷의 세계로 오세요!   www.donginrang.co.kr
                                     webmaster@donginrang.co.kr

본 교재에 수록되어 있는 모든 내용과 사진, 삽화 등의 무단 전재·복제를 금합니다.

All rights reserved. No part of this book or audio CD may be reproduced or
transmitted in any form or by any means, without permission in writing from
the publisher.

(주)동인랑에서는 참신한 외국어 원고를 모집합니다.

잘못된 책은 교환해 드립니다.